Johannes Spitzer

Lautlehre des arkadischen Dialektes

Johannes Spitzer

Lautlehre des arkadischen Dialektes

ISBN/EAN: 9783743314627

Hergestellt in Europa, USA, Kanada, Australien, Japan

Cover: Foto ©Thomas Meinert / pixelio.de

Manufactured and distributed by brebook publishing software (www.brebook.com)

Johannes Spitzer

Lautlehre des arkadischen Dialektes

LAUTLEHRE
DES
ARKADISCHEN DIALEKTES.

INAUGURALDISSERTATION
ZUR ERLANGUNG DER DOCTORWÜRDE

DER PHILOSOPHISCHEN FACULTÄT ZU KIEL

VORGELEGT

VON

JOHANNES SPITZER.

OPPONENTEN:

HERR **CURT GÜNTHER**, DR. PHIL.
„ **HARRO ESMARCH**, CAND. PHIL.
„ **WILLY SOLF**, STUD. PHIL.

KIEL.
DRUCK VON SCHMIDT & KLAUNIG.
1883.

MEINEN VEREHRTEN LEHRERN

DEN HERREN

PROF. DR. RICHARD PISCHEL

UND

DR. HERMANN MÖLLER

IN HERZLICHER DANKBARKEIT

ZUGEEIGNET.

Inhalt.

	Seite.
orwort.	
Vocale . . .	1
a. kurze vocale .	1
b. lange vocale . .	18
c. einfache diphthonge .	21
d. mehrfache diphthonge	23
e. ersatzdehnung . . .	32
f. contraction	35
I. Consonanten	47
a. einfache consonanten . .	47
b. consonantengruppen . . .	53
c. sylbenverkürzung . . .	55
d. apokope	58

Vorwort.

Der arkadische dialekt ist zum ersten male zusammenhängend bearbeitet worden von M. A. Gelbke „De dialecto arcadica" in Curtius „Studien" bd. II, p. 1—42. Vorher schon hatte Ahrens eine kurze besprechung geliefert, die jedoch wegen der dürftigkeit des damals vorhandenen materials noch kein richtiges bild von der mundart zu geben vermochte (Ahrens „De graecae linguae dialectis" I, p. 231—234). Ferner hat Bergk in seiner „Commentatio de titulo arcadico" im „index lectionum Halensium" $18^{60}/_{61}$ einige grammatische fragen besprochen.

Seit Gelbkes abhandlung erschien, sind mehrere umstände eingetreten, die es vielleicht als nicht überflüssig erscheinen lassen, den dialekt einer neuen behandlung zu unterziehen. Hierher gehört

1. Die allerdings nur wenig neues bietende vermehrung des materials (hauptsächlich in Foucarts nachträgen zu Le Bas).

2. Die entzifferung der kyprischen silbenschrift, womit der zusammenhang des kyprischen und des arkadischen dialektes, den schon Bergk behauptet, aber mehr auf zufälligkeiten denn auf streng durchgeführte lautgesetze stützte und stützen konnte, unwiderleglich erwiesen ward. Wenn diese verwandtschaft allerdings bei weitem am meisten der erforschung des kyprischen zu gute kommt, so doch auch in mehreren fällen der des arkadischen, wie sich zeigen wird.

3. Die in dem letzten jahrzehnt oder richtiger in dessen zweiter hälfte vollzogene durchgreifende umgestaltung der allgemeinen sprachwissenschaft, besonders in formeller oder methodologischer hinsicht.

Schon in den anfang dieser periode fällt die abhandlung von O. Schrader „Quaestiones dialectologicae graecae", stud. X, p. 259—327. Einige erklärungen zeigen einen fortschritt in der auffassung sprachlicher thatsachen; im allgemeinen aber steht der verfasser noch auf jetzt veraltetem standpunkte; da er ferner auch, seinem thema gemäss, kein einheitliches bild des dialektes gegeben hat, so kann die abhandlung noch nicht als endgültig abschliessend betrachtet werden.

Im folgenden habe ich nun versucht, die eigenthümlichkeiten des arkadischen lautstandes darzustellen und, so gut es geht, auf feste gesetze zurückzuführen. Gerne hätte ich auch die flexion mit in den kreis meiner untersuchungen gezogen, allein darauf muss ich vorläufig verzichten; indess hoffe ich das versäumte zu gelegener zeit noch einmal nachholen zu können.

Die quellen des dialektes bestehen fast nur aus inschriften, wozu noch einige glossen des Hesychius kommen. Von den arkadischen münzen kommt nur eine in betracht, welche Bergk im bulletino archeologico p. 139 besprochen hat. Die inschriften finden sich zum grössten theile in den bekannten sammlungen des „Corpus inscriptionum graecarum" und in den „Voyages archéologiques" von Le Bas-Waddington, mit den nachträgen und erklärungen von Foucart. Für die älteren texte waren mir die „Inscriptiones graecae antiquissimae" von H. Röhl (Berlin 1882) massgebend. Einige neue gab auch Milchhöfer in den „Mittheilungen des deutchen archaeologischen instituts" IV, p. 123—146. Die wichtigste aller inschriften ist die bauordnung von Tegea (der kürze halber von mir mit B T bezeichnet). Sie ist mitgetheilt worden (von älteren, mir nicht zugänglichen griechischen publicationen abgesehen)

1. von Bergk, commentatio,

2. von Michaelis, in den „Jahrbüchern für class. philologie" bd. XVII, p. 585 ff.,

3. von Le Bas, n. 340 e.

Ferner stand mir ein abklatsch zu gebote, den Herr Prof. Foerster gemacht und mir mit grosser güte zum gebrauch überlassen hat.

Bei der besprechung der lautlehre werde ich so verfahren, dass ich vom gemeingriechischen lautstande ausgehend untersuche, was daraus im arkadischen geworden sei. Bei der äusserst kleinen zahl und dem geringen umfange unserer quellen lassen sich die phonologischen fragen allerdings nicht immer in kürze beantworten, sondern erfordern öfter eine eingehende untersuchung, die nicht selten mit einem »non liquet« wird abgebrochen werden müssen. Auch wird es unvermeidbar sein, hie und da auf allgemeinere als speciell arkadische spracherscheinungen sich einzulassen; auf gemeinwestgriechische oder auf gemeingriechische.

I. Vocale.

a. Kurze vocale.

1. Gem. gr. α.

Dasselbe ist 1. = idg: a (Brugman a³, Saussure und andere A).

2. = svarabhaktivocal entstanden vor oder nach ursprünglich sylbebildendem idg: r l; vor m und n;[1]) letztere beiden laute sind dann meist weggefallen; unter gewissen bedingungen aber geblieben.

Das idg: a = altind: i (im inlaut in ursprünglich unbetonter sylbe, z. b.: tasthimá, pitâ[2]) oder a (tasthátus) = a oder in europäischen sprachen, ist stets schwächung von a (vgl. de Saussure Mémoire sur le système primitif des voyelles dans les langues indoeuropéennes, p. 135 ff., G. Meyer, gr. §§ 43—58, besonders §§ 57, 58 und H. Möller, Paul und Braune »Beiträge zur geschichte der deutschen sprache und litteratur, Bd. VII, p. 492, anm. 2. Die abweichende ansicht Osthoffs und anderer (»Morphologische untersuchungen,« IV p. 340 ff.) kann ich mir nicht zu eigen machen.

Gem. gr. α bleibt im arkadischen **lautgesetzlich** stets α.

Von dieser regel scheinen jedoch ausnahmen vorhanden zu sein, oder vielmehr speciallautgesetze, welche einen übergang von α in

---

[1]) Mit cursiv liegenden zeichen werden hier und im folgenden die sylbenbildenden sonanten der idg. grundsprache bezeichnet.

[2]) Das ^ bezeichnet lange und accentuirte vocale.

andere vocale unter bestimmten bedingungen fordern. Es ist vor allen dingen behauptet worden, dass gem. gr. α in einer anzahl von fällen zu ε werde (vgl. Gelbke, Stud. II, p. 12 ff.) Ich stelle alle diejenigen fälle zusammen, auf welche diese ansicht sich stützen kann.

1. κρέτος; zu erschliessen aus den zahlreichen eigennamen auf — κρέτης; vgl.:

    Le Bas-Foucart 338 b B 32   Εὐθυκρέτης
    ib. C 1   Σωκρέτης
    ib. C 52   Τιμοκρέτης
    Le Bas 338 c B 3   Καλλικρέτεος
    C I. n. 1524   Πολυκρέτεια

und θέρσος, enthalten in θερσίας (Le Bas 337 a).

2. δέρεθρον· λίμνη ἀποχώρησιν ἔχουσα. Hes.
3. δέλλω, ζέλλω = βάλλω; vgl. δέλλει· βάλλει. Hes. (n. conjectur) ζέλλειν· βάλλειν. Hes.
    ἔζελε· ἔβαλε. Hes.
    κάζελε· κατέβαλε. Hes.
    ἐσδέλλοντες (B T z 51).
4. ἔρ' (ἔρα); vgl. Bergk, commentatio p. IX.
5. Ἐρίων = Ἀρίων; vgl. dazu Bergk, »Bulletino archeologico« p. 139 und »Commentatio« p. IX, sowie »Zeitschrift für numismatik« I p. 131 [1]).

Es fragt sich nun, ob in allen diesen Fällen ein gemeinsames moment vorliege, das zum übergang von α in ε könnte veranlassung gegeben haben. Auf den ersten blick jedenfalls; in jedem dieser worte

---

[1]) Gelbke a. a. O. erwähnt noch ἐλίκη, gleich lat. salix, das nach Theophrast ein arkad. wort sei. Aber lat. α beweist noch nicht immer für ein gem. gr. α; oft entspricht lat. a lautgesetzlich einem griech. ε, wenn diese nämlich beide schwächung von $\bar{e}$ sind, z. b. in lat. fa-c-io, ja-c-io (θε-τός, συν-ε-τός) in satus von $\sqrt{se}$ u. s. w. Wenn in solchen fällen lat. e steht, so beruht dies auf qualitativer ausgleichung der hochtonstufe $\bar{e}$ und der untonstufe a.

Aber auch sonst ist lat. a kein zuverlässiges kriterion für griech. α, vgl. z. b. lat. quattuor. Ausserdem ist zu bedenken, dass Gelbke noch auf dem standpunkte des einheitlichen idg., ja gemeingriech. α steht, und ihm daher in letzter linie jedes e auf a zurückgehen muss, nur dass nicht alle dialekte übereinstimmend diese »depravatio« eintreten liessen; wann ein dialekt α behalten oder in ε, ο umwandeln sollte, war demnach völlig in sein belieben gestellt.

Eben dieser ansicht gemäss soll auch ein Περβινίους und Μέρβαλος (?) (vergl. Gelbke a. a. O.) aus α entstanden sein. Da kein α in andern dialekten nachzuweisen ist, und ferner ich kein einheitliches idg. a oder nun gar ein gem. gr. α für späteres ε und ο annehme — selbst die anhänger der »spaltung des a« sollten diese doch mindestens in die zeit vor der griechischen dialekttrennung, nicht in die einzelnen dialekte verlegen —, so können diese worte hier übergangen werden.

folgt dem ε ein ϱ oder λ, oder ϱ geht ihm voraus. Aber es ist zu
entgegnen, dass dies λ oder ϱ vor oder nach α massenhaft auftritt ohne
diese wirkung. Ich erinnere an worte wie στρατός (in στραταγοί,
Le Bas 338 a 1, wo allerdings von α nur ein rest erhalten, aber doch
deutlich genug, dass man kein ε finden wird: Le Bas 338 c, A 2 und
in vielen namen, z. b.: Τιμοστράτω, in namen, auf .... αρχο-ς:
Λάαρχος, Le Bas 338 c B 9 in Καλλίας, Καλλίστρατος, ib. C 5, 338 b,
34; in der praeposition πάρ, B. T. 42. Also das ϱ oder λ kann nicht
die etwaige ursache sein. Was sonst? Sieht man worte wie Ἐρίων,
δέλλω an (aus *δέλιω oder *δέλjω) so könnte man an eine art von
i-umlaut denken, aber für die übrigen fälle würden wir auch dieser
erklärung beraubt sein, und ferner bezeugen die zahlreichen stellen,
in denen der stamm — αριστο — vorkommt, also hauptsächlich die
namenverzeichnissinschriften —, dass eben ein i — umlaut — der
auch sonst im griechischen nirgends zu finden ist, nicht stattfand; es
lässt sich somit keine ursache finden, die ein speciallautgesetz hätte
bewirken können.

Betrachten wir die einzelnen fälle:
1) κρέτος, θέρσος. — Dass hier kein lautgesetz vorhanden sei,
bezeugen schon die zahlreichen formen auf — κράτης vgl. Λεξικράτης
Foucart bei Le Bas 338 b C 37 [Φ]ιλ[οκ]ράτεος Le Bas 338 c B 11
Νεοκράτη[ς] ib D 15, ferner namen wie [Θ]ρασέαν, ib. C 40: Θρασέας ib. C 21. — Es ist daher nun eine analogiebildung wahrscheinlich; denn ein grund, weshalb eine lautgesetzliche divergenz
stattgefunden haben könnte, ist nicht nachzuweisen. Es fragt sich
aber, welcher art diese analogiebildung sei. Die ansichten der forscher
weichen hierin von einander ab. Wohl die meisten erklären κράτος,
θράσος (denn dass diese formen die unursprünglichen seien im gegensatze
zu κρέτος, θέρσος, darüber herrscht kein zweifel,[1]) als entstanden durch
anlehnungen an κρατύς, θρασύς, in denen die wurzelsylbe unbetont ist
und daher die reducirte form hat. So z. b. Saussure, Mémoire; p. 129,
G. Meyer § 4, p. 4 und Osthoff, morphol. unters. II, p. 16 anm. Der
letzt genannte gelehrte hat jedoch seine ansicht jetzt aufgegeben zu
gunsten der unten darzulegenden. · Die wurzelsylbe der mit suffix-es
gebildeten nomina zeigt in den bei weitem am meisten fällen die
hochtonstufe, jedoch giebt es auch eine anzahl von solchen, die
reducirte wurzelform haben; im griech. ausser κράτος und θράσος (θάρσος, θάρρος) noch πάθος, βάθος, πάθος, πάχος, ἔθος; neben dreien stehen

---

[1] Nämlich sobald man die annahme einer lautlichen entstehung von κρέτος aus κράτος zurückweist.

die hochtonformen, mit zum theil etwas abweichender bedeutung: πένθος, βένθος, ἦθος. Auch giebt es eine reihe von nomina dieser art, die in der einen sprache starke, in der andern schwache wurzelform zeigen z. b.:

griech. ἄγος aber skt. āgas
» ἄχος » » ahas

βάθος neben βένθος erklären nun die oben genannten gelehrten durch anlehnung an βαθύς, πένθος dagegen soll nach ἔπαθον gebildet sein; eine schon sehr bedenkliche association, wenn das verbum das nomen beeinflussen soll. Principiell leugne ich zwar diese möglichkeit nicht ganz, gebe sie aber nur zu, falls nicht eine leichtere und näherliegende erklärung denkbar ist. Vollends, wie will man ἔθος erklären gegenüber ἦθος? Doch wohl nicht etwa aus ἐθίζω, das ja ἔθος voraussetzt? Die beste analogieerklärung ist immer die annahme einer ausgleichung zwischen formen desselben systems; d. h. beim verbum zwischen den formen der personen oder der numeri; beim nomen zwischen denen der casus und numeri. Eine solche ist auch hier aufgestellt worden von H. Möller, K. Z. XXIV, p. 441; Paul und Braune, Beitr. VII, p. 503—504.[1]) Darnach bestand ein ablaut folgender art:

nom. krétos = griech. κρέτος,
gen. krtésos *κρατέος

mit dem accent des starken casus: κράτεος. Daraus konnte durch wechselseitige ausgleichung eine doppelte declination entstehen:

1. κρέτος   2. κράτος
   κρέτεος   κράτεος

und so ist es in der that geschehen. Dasselbe gilt auch für die andern fälle. Diese erklärung geht von dem princip aus, dass 1. jedes wort der idg. sprache einst ablautend flectirte, (wie auch immer das gesetz dieses ablauts sein mochte), vgl. Möller P. B. Btr. VII, p. 503 anm., 2. der ablaut nicht nur eine sylbe traf, sondern sich über das ganze wort erstreckte. Bei dieser erklärung aus ausgleichung vermeiden wir weithergesuchte formassociationen.

---

[1]) Bei dem von Gelbke, stud. II, p. 14 erwähnten Θερσίλιον, Θρεσθάσιον kann von ablaut nicht die rede sein. Solche stämme, die in späterer zeit nach dem muster alter vorbilder durch neue suffixe gebildet werden, behalten die ablautstufe, welche die stämme haben, von denen sie abgeleitet sind; gab es danach verschieden ausgeglichene nebenformen der primären stämme nebeneinander, so konnte auch der secundäre stamm in doppelter form erscheinen. Ein solcher secundärer stamm mit doppelformen ist der des numerale für 1000: χείλιο-, χηλιο-, aber Attisch χίλιο-; s. p. 16 anm. 1 Ein secundärer stamm ist auch der von Θερσίλιον; wenn neben ε auch α vorkommen sollte, so würde diese abweichung aus der gleichzeitigen existenz von θέρσος und θάρσος, θράσος zu erklären sein.

2. Dieselbe erklärung passt auch für δέρεθρον, ζέρεθρον gegenüber βάραθρον. Auch hier ist analogiebildung vorhanden, und zwar eine ausgleichung; welche formen sonst heranzuziehen sein sollten, wenn ein wechsel innerhalb des systems nicht stattfände, das wäre unerfindlich. Indess ist auch für die o-stämme ein ablautsverhältniss vorhanden, nicht nur für das suffix — darüber vgl. besonders Saussure, a. a. O., p. 90 — dessen gründen übrigens manches noch hinzugefügt werden könnte —, sondern auch für die wurzelsylbe, vgl. Noreen, Paul Braune Btr. VII 431—444, wovon einzelnes hierher gehört, H. Möller, ib. p. 500 ff.; auch Osthoff, »Morphol. unters.« IV, pp. 93, 120, 127, 163, 170, 282, 284.

Als grundform ist anzusetzen:
gerthron [1])
grthré-, ó-

er blieb im griech. ερ; r ward αρ; vor jenem entwickelte sich idg. g zu δ (ζ); vor αρ zu β. So entstanden durch ausgleichung die declinationssysteme: urgriech. *δέρθρον,
*δέρθρο-ο
und daneben *βάρθρον
*βάρθρο-ο.

Jede form hat ausserdem einen svarabhaktivocal entwickelt; δέρεθρον, βάραθρον [2]) (Ueber ζέρεθρον s. unten).

3. δέλλω, ζέλλω = βάλλω.

Das verhältniss von δ und β ist dasselbe wie bei δέρεθρον-βάραθρον. Regelrecht steht δ vor ε, β vor α; dagegen in βέλος, βέλεμνον ist β nicht lautgesetzlich. βέλος wird durch ausgleichung in folge des ablautes, wie oben bei κρέτος dargelegt, entstanden sein; urspr. *δέλος. *β'λέ(σ)ος. βέλεμνον, das unverkennbar eine participialbildung ist (vgl. auch Curtius, gdz. [4], p. 468), kann vom verbum finitum aus beeinflusst sein. Von den formen βάλλω und δέλλω kann nur eine die ursprüngliche sein, aber welche? Nimmt man an, dass βάλλω diese sei, wonach soll dann δέλλω gebildet sein? [3]) Nimmt man δέλλω als ältere, so könnte βάλλω nach έβαλον gebildet sein. Diese ansicht, die immerhin eine befriedigende erklärung böte, wird meines wissens von niemandem angenommen und das mit recht, obgleich der grund, auf den man sich

---
[1]) Auf den ursprünglichen consonantismus des suffixes kommt es hier nicht an.

[2]) Die ionische form βέρεθρον ist eine mischform, da vor ε das β ursprünglich nicht hingehört. Entweder also das β oder das ε beruht auf secundärer ausgleichung; dieselbe ist hier aber nur partiell. Ein solcher secundärer ausgleichung statt des lautgesetzlichen dentals ist besonders dem boiotischen dialekte eigen; vgl. Meister »Die griech. dial.« p. 258.

[3]) Höchstens von einem substantive könnte eine einwirkung kommen; aber von welchem? Denn das alte *δέλος ist schon früh zu βέλος geworden.

stützt, mir nicht richtig erscheint. Es sollen nämlich die verba der-io-klasse stets mit der schwachen wurzel gebildet werden. Derartige annahmen, die noch bei sehr vielen andern wortstämmen angewandt werden, dass nämlich ein bestimmtes suffix immer oder doch meist an eine bestimmte wurzelform trete — oder wie man, recht charakteristisch, sagt: angehängt werde — sind aber gänzlich irrig; sie beruhen auf einer ganz unmöglichen vorstellung von den wurzeln und dem ablaut. Denn nach dieser theorie müssten ja doch die wurzeln schon den ablaut durchgemacht haben, um in ihrer dreifachen form erscheinen zu können, zwischen denen dann die suffixe wählen dürfen oder vielmehr diejenigen, welche die suffixe »anhängen«. Damit wird die idee der wurzel verletzt, denn diese ist ihrem wesen nach einheitlich.

Der ablaut hat nicht die wurzeln getroffen, sondern die worte; die (primäre) wortbildung muss schon vollendet gewesen sein, als er eintrat.[1]) »Schwache und starke wurzeln« ist ein ungenauer terminus; man sollte »wurzelformen« oder dgl. sagen, wodurch man vor den irrthümern bewahrt bliebe, die eine falsch verstandene terminologie gerade in der sprachwissenschaft so oft verschuldet hat. Man kann nicht davon reden, dass ein suffix an eine bestimmte wurzelform trete; vielmehr bildet sich diese erst aus im worte, wenn also eine wurzel gar nicht mehr existirt. Alsdann tritt der ablaut ein; verschiedene bildungen entstehen und laufen neben einander her, bis endlich der instinctive trieb den menschen zwingt, in sich ihm selbst unbewusster weise eine wahl zu vollziehen oder auf eine oder die andere weise eine gleichheit herzustellen, sei es, dass eine form gänzlich bevorzugt werde, sei es, dass eine art von compromiss eintrete, deren, je verschiedenartigere und zahlreichere bildungen neben einander bestehen, desto mehr möglichkeiten sein werden. Nun kann es ja kommen, dass bei gleichen wortklassen (d. i. worten, die mit demselben suffix oder aus der einfachen wurzel auf dieselbe weise gebildet sind) die ausgleichung dieselbe richtung nimmt, der wurzelhafte bestandtheil also in derselben form erscheint; und dies geschieht, wie leicht zu denken, auch häufig: nur so kann es einen sinn haben, wenn man einem suffix bevorzugung einer wurzelform, verbindung mit derselben als regel zuschreibt. Da nun aber die ausgleichung wie jede formassociation und analogiebildung auf willkür — wenn auch, mehr oder weniger, unbewusster — beruht, so kann nie ein gesetz derselben existiren; es

---

[1]) Uebrigens können sehr wohl schon vor der ablautperiode häufungen von suffixen vorgekommen sein; ganz ausgeschlossen ist es also nicht, dass auch ein wort mit mehreren stammbildungssuffixen dem ablaut unterworfen gewesen sei. Ich denke hier besonders an die mit j (i̯) und v anlautenden suffixe.

können immer ausnahmefälle stattfinden, in denen die ausgleichung eine andere ablautstufe bevorzugt, als gewöhnlich.[1]) So hat z b. das suffix-es meist die hochtonstufe durchgeführt; aber in einigen fällen auch die untonstufe; vgl. p. 3—4.

Wenden wir nun diese theorie auf δέλλω und βάλλω an, so sehen wir, dass von einer verbindung des suffixes io (ie) mit den idg. wurzelformen gel und gḹ nicht die rede sein kann. Vielmehr haben wir auch hier das resultat einer ausgleichung, die in der conjugation von idg. geljō stattfand. Keines der beiden conjugationssysteme, weder das von δέλλω, noch das von βάλλω (d. h. diejenigen, deren erste personen δέλλω resp. βάλλω lauten) ist ganz lautgesetzlich. Die formen des indicativi praes. act. standen im ablautsverhältniss zu einander, allerdings einem andern als das der verba auf mi oder der perfecta ist, in welchen beiden stets der singular die starke form hat, der dual und plural die schwache. Der ablaut war in der einen reihe geljo, die starke form, in der anderen reihe gḹje, die schwache form; jenes in den formen, deren »thematischer vocal« o ist, dies in denen mit e.

1 sing.		2 sing. dual. plur.	
1 dual.	geljo	3 ″ ″	gḹje
1 plur.			
3 plur.			

Ueber diesen ablaut der wurzelsylbe vgl. H. Möller, P. B. Btr. VII p. 532 und jetzt auch Osthoff ib. VIII p. 287.

Durch wechselseitige ausgleichung dieser formen entstehen nebeneinander δέλλω und βάλλω.

4) Wir müssen auch das kyprische ἴρ(α) hier berücksichtigen, weil es von Bergk als analogon zu dem vermeintlichen übergang von α in ε im arkadischen geltend gemacht worden ist. Ich halte es nicht für unmöglich, dass auch in kypr. ἴρ(α) gegenüber ἄρα, ἀρ, ῥα die verschiedenheit auf ablaut beruhe; dafür spricht schon die formenreihe ἄρα, ἀρ, ῥα, welche insgesammt auf idg. r hinweisen; denn dies erscheint im griech. theils mit vorhergehendem, theils mit folgendem,

---

[1]) Man missverstehe mich aber nicht so, als ob ich meinte, jede wurzelform könne an stelle jeder gefunden und erwartet werden. Ich rede hier nur von denjenigen, die in einem ablautsverhältnisse stehen; der ablautsverhältnisse giebt es aber mehrere, z. b. wechselt, wie ich glauben möchte, in der wurzelsylbe niemals e-vocalismus und o-vocalismus (denn in idg. pōds, pedós: fuss kann pedós aus p'dós hervorgegangen sein). Es kann wohl einmal die e-form für die o-form eintreten, oder umgekehrt (z. b. im perfectum), aber nie auf grund einer intersystematischen ausgleichung, sondern durch irgend welche andere analogiewirkungen.

theils mit doppelten svarabhaktivocal, letzteres wie im altbaktrischen[1]) und vielleicht im altindischen, dessen r von den grammatikern beschrieben wird als $\frac{1}{4}$ a + $\frac{1}{2}$ r + $\frac{1}{4}$ a.[2]) Wurzelabstufung ist überhaupt den partikeln nicht fremd, wir finden sie z. b. in *κα* neben *κεν* und *κε*; letzteres ist offenbar aus *κα* und *κεν* entstandene contaminationsbildung; ebenso verhalten sich — *θεν*, — *θα* und — *θε*. Freilich an eine accentverschiebung im worte selbst kann bei der einsylbigkeit dieser partikeln nicht gedacht werden, wohl aber können sie von den veränderungen der benachbarten worte mitergriffen sein; wenigstens sehen wir im sanskrit, wo die stellung des udātta die betonung der angrenzenden sylben regelt, das vom haupton beherrschte gebiet keineswegs auf das wort, in dem er steht, beschränkt. Endet z. b. ein wort mit dem udātta, so muss das nächstfolgende, wenn es, selbständig gestellt, den anudātta hat, den svarita empfangen auf der ersten sylbe, weil dem udātta der svarita folgen muss. Noch viel mehr gilt dies natürlich für die ursprache.[3])

Im ablautsverhältnisse stehen vielleicht auch *ὀν* im lesbischen, thessalischen, kyprischen und *ἀν-*, *ἀνά*; und vielleicht beide wieder mit *ἐν* und *ἐνί*. Im germanischen entspricht dem griech. *ὀν* an (= *ἀνά*, *ἀν* kann nur *un sein; wenn also *ὀν* aus *ἀνά* entstanden ist, entspricht germ. an ihm nicht, wenigstens nicht direct); mit an aber steht in in engster verbindung, dergestalt, dass an im altsächsischen sogar ganz für in steht; im Heliand steht nur einmal in v. 3341 in der bedeutung „hinein."

Schwieriger ist das verhältniss von *δε* und *δα* (in *θύρδα* vgl. *θύρδα˙* *ἔξω 'Αρκάδες* Hes.) und von *γε* und *γά*, weil hier formen wie **δεν*, **γεν* nicht erhalten sind.

Ich glaube jedenfalls, dass auch dies wort uns keinen grund giebt, lautlichen übergang von *α* vor *ρ* in *ε* anzunehmen.

5. *'Ερίων* = *'Αρίων*. Hier kann nun allerdings von einem directen ablaut nicht die rede sein. Es wäre dies möglich, wenn in *'Ερίων ι* = idg. *ι* wäre; dann könnte man annehmen **'Έρων*
**'Αριένος*

---

[1]) Vgl. jedoch p. 55, anm. [1]).
[2]) Mit der partikel *ἄρα*, *ῥα*, *ἄρ* ist vielleicht, worauf mich Herr Prof. Pischel aufmerksam macht, die partikel rạ im prākṛt zusammenzustellen; wenigstens erinnert der gebrauch dieses wortes in yō rạ auffallend an das homerische *ὅς ῥα*.
[3]) Ich meine nicht diese specielle regel vom folgen des svarita auf den udātta, sondern das übergreifen des hauptaccentes in ein anderes wort. Da aber das indische in der accentuation und was damit zusammenhängt, der stammabstufung, entschieden der alterthümlichste dialekt des idg. ist, so bleibt es für eine reconstruction des idg. accentes von allergrösster bedeutung.

sei die ursprüngliche flexion. Aber schon dass das ι nach ϱ sich vocalisirte, dass es nicht epenthese bewirkte,¹) könnte dagegen sprechen: ganz sicher aber die länge des ι. Diese beweist sich aus dem metrum. An der stelle, wo nämlich Pausanias die erwähnte localsage mittheilt: VIII 25, 4—9; werden mehrere verse von ihm aufgeführt

und
> οὐδ' εἴ κεν μετόπισθεν Ἀρίονα δῖον ἐλαύνειν
> Ἀδρήστου ταχὺν ἵππον, ὃς ἐκ θεόφιν γένος ἦεν

ferner
> εἵματα λυγρὰ φέρων σὺν Ἀρίονι κυανοχαίτῃ
>
> πρώτιστος Δαναῶν ἑῷ αἴνετῴ ἤλασεν ἵππω
> καιρόν τε κραιπνὸν καὶ Ἀρίονα Θελπουσαῖον.

Ἐρίων lautete also das wort; er ist zwischen ι und ω jedenfalls ein spirant ausgefallen, wahrscheinlich F, wie man auch ΩϱῑFων gefunden hat auf einer korinthischen vase (vgl. Arch. ztg. 1864, p. 155; und taf. 184). Damit manifestirt sich das wort als secundär gebildet. In diesem falle aber kann der unterschied von Ἐρίων und Ἀρίων nicht direct auf ablaut des wortes selbst, sondern nur indirect auf dem ablaute des primären stammes, aus dem dieser secundäre entstanden ist, beruhen. Vgl. p. 4, anm. 1. Es kann auch irgendwelche analogiebildung diese doppelformen bewirkt haben; jedenfalls kann von einem lautlichen übergang nicht die rede sein.

Wer die besprochenen beispiele in ihrer totalität ins auge fasst, nicht jedes für sich, der wird sich von dem gedanken an die möglichkeit eines lautgesetzlichen wandels von α in ε (oder von ε in α in den übrigen dialekten) vielleicht doch nicht ganz trennen können, und vielleicht meinen, dass dies auftreten des ε in diesen worten im arkadischen (oder des α in den andern dialekten) einen gemeinsamen grund haben müsse, nicht auf zufälligem zusammentreffen beruhen könne. Darauf entgegne ich erstens, dass ich gar nicht der meinung bin, als müssten solche fälle »nicht auseinandergerissen werden«, zusammengehöriges muss zusammen bleiben; um aber zusammengehöriges zu erkennen, muss man erst das einzelne beachten und untersuchen. »Erst unterscheiden und dann verbinden«. Nicht der augenschein oder ein unklares gefühl darf uns lehren, was zusammengehöre. Sodann ist auch von einem zufall hier gar nicht die rede; es ist ein gemeinsamer grund vorhanden, weswegen alle diese worte den vocal ε haben; sie haben nämlich die hochtonform bevorzugt. Dergleichen kommt

---

¹) Oder mit ϱ zu ϱϱ verschmolz, was vielleicht noch wahrscheinlicher (S. Bezzenlager in dessen »Btr.« III, p. 160 anm.)

ja oft vor, dass dialekte sich unterscheiden durch die wahl verschiedener ausgleichungen; auffällig ist das hier nur, dass bei der geringen menge des sprachlichen materials verhältnissmässig häufig diese morphologische eigenthümlichkeit begegnet. Aber man vergesse über diesen wenigen **abweichungen** doch nicht die viel häufigeren **übereinstimmungen**. Endlich wenn selbst wirklich »zufall« stattfände, was schadet das? Dadurch können doch die ganz nothwendigen folgerungen, die uns zu diesem etwaigen zufall hinführen, nicht rückgängig gemacht werden?

Einen indirecten beweis gegen die annahme des übergangs von α in ε bietet $\mu\alpha\lambda\alpha\gamma\varkappa\acute{o}\mu\alpha\varsigma$ auf einer inschrift, die von Milchhöfer, mittheil. d. archaeol. inst. IV 142, bekannt gemacht worden ist; jedenfalls »schwarzhaar« bedeutend. Wer überall einen lautlichen process sehen will, muss auch hier übergang von ε in α annehmen; wir hätten also in $\delta\acute{\varepsilon}\lambda\lambda\omega$ ε aus α vor λ und hier α aus ε vor λ; oder wenn nun einmal α absolut das ältere sein soll, wäre α hier bewahrt, dort nicht; wenn ε das ältere (wie thatsächlich), so wäre es in $\delta\acute{\varepsilon}\lambda\lambda\omega$ erhalten, in $\mu\alpha\lambda\alpha\nu$ ohne erkennbaren grund nicht. Zu solchen inconsequenzen kommt man, wenn man überall rein lautliche entwickelung annehmen will. Was $\mu\alpha\lambda\alpha\nu$ betrifft, so ist dies der stamm der schwachen casus; der genitiv lautete einst $^{*}\mu\alpha\lambda\alpha\nu\acute{o}\varsigma$ aus m*l*nós; das wort gehört zu der synkopirenden klasse der n-stämme,[1]) wie skt. mūrd‘án, das den alten accent noch treu bewahrt hat (im gegensatz zu râg‘ā, râg‘n’as). Während $\mu\acute{\varepsilon}\lambda\alpha\varsigma$ die hochtonstufe[2]) hat, hat $\tau\acute{\alpha}\lambda\alpha\varsigma$ die untonstufe durchgeführt; beide nomina sind ganz analog gebildet, $\tau\acute{\alpha}\lambda\alpha\varsigma$ gehört natürlich nicht zu $\sqrt{tl\bar{a}}$, wenn es je eine solche gegeben hat, sondern zu $\sqrt{tel}$; (vgl. tollo, tuli für *tetuli, = *$\tau\acute{\varepsilon}\tau o\lambda\alpha$), davon $\tau\varepsilon\lambda\alpha\mu\acute{\omega}\nu$ (»halter«) und $\tau\lambda\acute{\alpha}\mu\omega\nu$ (jon. att. $\tau\lambda\acute{\eta}\mu\omega\nu$) mit verallgemeinerung des schwachen stammes; merkwürdiger weise aber hat jenes $(\tau\varepsilon\lambda\alpha\mu\acute{\omega}\nu)$ den accent der schwachen casus, dieses den der starken:

télmon $\tau\varepsilon\lambda\alpha\mu\acute{\omega}\nu$ (svarabhakti)
t*l*ménos, $\tau\alpha\lambda\mu\varepsilon\nu o\varsigma: \tau\lambda\acute{\alpha}\mu\omega\nu$ (methathesis).

Zu $M\alpha\lambda\alpha\gamma\varkappa\acute{o}\mu\alpha\varsigma$ bemerke ich noch, dass der erste theil von compositis meist in der schwachen form steht (Möller, P. B. Btr. VII p. 532; Kremer, Bezzenberger Btr. VII, 11 ff.; P. B. Btr. VIII, 373).

Es ist ferner ein übergang von gem. gr. α in o angenommen worden; die fälle, die hierher gehören, sind folgende:

---

[1]) Saussure: »flexion forte«; Möller: »svaritaflexion.« — Vgl. p. 30, anm. 1.

[2]) Hat es sie überhaupt von anfang an gehabt? Die synkopirende flexion hat nach Möller in dem mehrerwähnten aufsatze in der wurzelsylbe den o-vocalismus, der, mit der e-stufe nicht im ablaut stehend, von dieser durch das zusammenfallen der beiderseitigen schwachen formen verdrängt worden ist.

1. δεκόταν = δεκάτᾱν (-την) Röhl, Inscr. antiq. n. 100.
2. ἑκοτόν = ἑκατόν C. I. 1515, z. 9, 21.
3. ἐφθορκώς = att. ἐφθαρκώς B. T. z. 11.
4. στορπάν. τὴν ἀστραπήν Hes., vorausgesetzt, dass es arkadisch sei, was nicht zu erweisen; man hat es wohl aus ἐφθορκώς geschlossen. Kypr. στροπάν.

Ueber die endung τοι, in welcher οι aus gem. gr. αι hervorgegangen sein könnte — wie es den anschein hat —, s. unter gem. gr. αι. Bezüglich der formen ἑκοτόν, δεκόταν ist zu bemerken, dass sie zwar im verhältniss zu ἑκατόν, δεκάταν jünger sind, aber nicht lautlich daraus hervorgegangen. Dies verbietet uns schon τριακάσιοι, (B. T., z. 8); dass gleichzeitig α zu ο würde in ἑκατόν — ἑκοτόν, in τριακάσιοι aber bliebe — denn dies ist älter als τριακόσιοι — davon ist gar kein grund einzusehen. Deshalb haben wir uns nach einer andern erklärung umzuschen. Ich kann mich hier begnügen zu verweisen auf Brugman, K. Z., XXIV, p. 66; Osthoff, ib. p. 424—425. Beide erklären das ο von ἑκοτόν, δεκόταν als anlehnung an das ο von κοντα in τριάκοντα u. s. w.; ebenso sei das att. jon. εἴκοσι gegen dorisch Ϝίκατι entstanden; ferner auch das ο von τριακόσιοι gegenüber arkad. τριακάσιοι, dorisch τριακατίοι. Mir erscheint diese erklärung annehmbar; in der that stehen κοντα einerseits, ἑ-κατόν (= s·atám, centum, idg. cntom) — κατιοι — andererseits etymologisch im engsten zusammenhange;[1]) die verschiedenen bedeutungen κοντα = 10: ἑ-κατόν 100, sind sicher erst secundäre, wenn auch alte differenzirungen. Dass die zusammengehörigkeit von κοντα und ἑ-κατόν, -κατιοι noch gefühlt wurde, als die bedeutung bereits sich differenzirt hatte, finde ich nicht im mindesten anstössig.

Auch die form ἐφθορκώς kann nicht aus ἐφθαρκώς entstanden sein. Wir haben oben beispiele gesehen, dass αρ sich erhalten hat, und es wäre auch hier ein ausnahmegesetz wohl schwer aufzufinden. Das wort erklärt sich durch sehr einfache formübertragung.[2])

Dem participium perfecti ist in der wurzelsylbe die schwache form eigen. Ursprünglich muss indess auch hier wohl die wurzelsylbe in doppelter gestalt vorhanden gewesen sein; wir haben davon noch

---

[1]) G. Meyer, § 404 will vielmehr κοντα von δέκα ableiten; dekmta, dkmta soll κοντα ergeben haben. Mir scheint das wenig glaublich. Dass ον in κοντα aus m entstanden sei, ist nicht richtig, auch nicht, wenn man κοντα mit ἑ-κατ-όν verbindet; das wort vertritt eine eigene, selbständige lautstufe, die »perfectstufe«, o-stufe oder wie man sie nennen will.

[2]) Auch Schrader, stud. X, p. 275 hält dafür, dass das ο von ἐφθορκώς nicht identisch sei mit dem α von ἐφθαρκα, sondern mit dem ο des indicativs.

spuren in den participien είδώς und είκώς; έοικώς ist neubildung. Diese formen sind nicht aus *ϝεϝιδώς, *ϝεϝικώς entstanden, wie das gothische veidvōds bezeugt, das diese erklärung nicht zulässt und auch das ει nicht entlehnt haben kann. Ich vermuthe als ursprüngliche declination
idg. veídvōs (veidvōns) [1])
vidvésos (vidvensos) [2])

Joh. Schmidt hat zwar, K. Z. XXVI, p. 351 ff., noch für den nominativ ē angenommen, (vidvēs aus vidvēns), der litthauischen form wegen; indess könnte man darauf entgegnen, dass schon in der zeit der ursprache die ausgleichungen haben beginnen können; [3]) dass also der nominativ mit der endung vēs (oder mit secundär wieder eingetretenem nasal vēns) sehr wohl in den litthauischen einzeldialekt eintreten konnte, obgleich die noch existirende lautgesetzliche endung vōs (vōns) war. Zu dieser annahme zwingt uns das griechische, denn die von Joh. Schmidt gegebenen beispiele, die den übergang von e in o nach ϝ im gen. gr. wahrscheinlich machen sollen, lassen auch andere erklärung zu; [4]) es giebt aber vieles, was gegen die annahme dieses lautüberganges spricht; ich führe nur weniges an: έτος, έπος, έργον; *κλεϝεσι (woraus keineswegs *κλεϝοι, *κλέοι entstand, Δϝεινίας, jon. τεσσέρων aus τετϝέρων (G. Meyer, § 398) u. a. m.

Nachdem nun die reducirte wurzelform allgemein durchgedrungen war, ist sie dann später verdrängt worden von der im sing. perf. act. herrschenden,[5]) deren kennzeichen o ist, z. b. λελοιπώς nach λέλοιπα; πεποιθώς nach πέποιθα, nach dem zu πέποιθα für *πέπιθμεν πεποίθαμεν gebildet worden war.[6]) So ist auch έφθορκώς gebildet; es kann ein έφθορκα voraussetzen — dies ist wohl das wahrscheinlichere —, es kann auch nach anderen participien von starken perfectis gebildet sein.

---

[1]) Auf den consonantismus des suffixes kommt es hier nicht an. Nach Osthoff, vgl. morphol. unters. IV, kann allerdings goth. ei (ī) hier auch = idg ī (d. nebentons) sein.

[2]) Weshalb im accus. βεβαῶτα, γεγαῶτα das ω aus d. nominativ eingedrungen sein soll (K. Z. XXVI, p. 359) verstehe ich nicht, da doch Joh. Schmidt selbst dātāram für alterthümlicher denn δώτορα erkannt hat.

[3]) Was bekanntlich die weiterexistenz der lautgesetzlich entstandenen formen nicht im mindesten ausschliesst.

[4]) οίκος kann wie τρόπος gebildet sein (oder erweiterung von *οίξ in οίκα-δε sein); ebenso όχος; όρσαί und δοιοί wie λοιποί; όδμή wie όρμή δοχμή (G. Meyer, § 8), zu οίνος (wenn dies überhaupt idg. ist) und ώνος vgl. θρόνος, χόανος (*χόϝανος, α ist svarabhakti), zu όργανον: πλόκανον, πόπανον (G. Meyer, § 8).

[5]) Zugleich mit annahme der reduplication, die dem participium zum perfectum ursprünglich nicht eigen gewesen sein kann.

[6]) Als πεποίθαμεν bereits neben *πέπιθμεν existirte, bildete man diesem verhältniss analog zu *πιθώς ein *ποιθώς, mit reduplication πεποιθώς.

Das attische ἐφθαρκώς mit dem vocalismus der reducirten wurzelsylbe ist sicher hier nichts altertehaltenes, — wie ja das κ-perfectum überhaupt jung ist —, sondern durch den einfluss von ἔφθαρκα entstanden. ἔφθαρκα aber hat den schwachen stamm, wie überhaupt die κ-perfecta keineswegs den vocalismus der alten perfecta strict angenommen haben, sondern sich nach anderen tempora, allermeist nach dem praesens, gerichtet haben. So z. b. πέπεικα, vielleicht nach πέπεισμαι — das man als πέ-πει-σ-μαι fühlte — gebildet; dies wieder nach πείθομαι für *πέπισμαι. Weitaus die meisten perfecta mit κ gehören den abgeleiteten verben an; die, gebildet zu einer zeit, wo die stammabstufung längst vorüber war, einen ablaut gar nicht mehr kennen und im perfectum nur den vocalismus des praesens haben. Aber auch die primären (wurzel-) verba mit κ-perfectum beachten den alten vocalismus meist nicht; vgl. ἔσταλκα, κέκρικα¹) u. s. w. (vgl. Curtius, verb II, p. 211). Auch starke perfecta haben die o-form aufgegeben; so fast alle u-wurzeln, z. b. πέφευγα (dagegen εἰλήλουθα, ἀκήκοα, ἀπέσσουε (zu letzterem vgl. Mahlow, K. Z. XXIV, p. 293—295²) und in den langvocalischen wurzeln; ἧκα aus *ἕηκα für *ἕωκα, vgl. ἀφεώσθω, B. T. 14.

Es liesse sich das ορ in ἔφθορκα auch auffassen als besondere entwicklung des idg. r, richtiger als die eines r̄. Aber mir scheint die obige erklärung die wahrscheinlichere zu sein.

Genau so verhält es sich mit στορπά. στορπά ist ein ganz regelrecht gebildetes nomen, man vgl. φορά, κλοπή, τομή und sehr viele andere. Demnach ist eher das attische ἀστραπή, wenn man so sagen will, auffallend gebildet, doch steht auch dieses nicht allein mit seiner reducirten wurzelform, vgl. φυγή u. a. m., auch γραφή, in dem vielleicht ρα = r ist, wie aus γρόφω, γροφεύς und andern formen hervorgeht, welche auf eine wurzel grebh³) hinzuweisen scheinen; es wäre dann γράφω (vom vocal abgesehen) mit slaw. greba̧ zu vereinigen. Wäre er dagegen mit goth. graba identisch, so wäre die wurzel ghrābh; auch davon lautete indess die schwache form γραφ — (wie ἀγ in ἄγω neben στρατ-αγός, das nicht = *στρατο-αγός sein kann, da wir dann jon. att. *στρατωγός haben müssten). Vgl. G. Meyer, § 20, 58 anm.

---

¹) κέκρικα ist allerdings, soviel ich weiss, eine erst ganz spät vorkommende form.
²) Das überlieferte ἀπέσσουε hat zu retten gesucht Fick. Gött. gel. anz. 1881, p. 1430.
³) Des gothischen wegen ist ghrābh anzusetzen, nicht grābh; das griechische γρ könnte auch aus ghr entstanden sein, auch wenn es zu greba, gehört, wo ja g = g und gh sein kann. Das wahrscheinlichste ist, dass dem slaw. und griech. √ghrebh unterliegt, ᵉdem goth. √ghrābh; und dass √ghrābh nur eine erweiterung von √ghrebh ist.

Ein scheinbarer übergang von gem. gr. α zu ν (u) findet statt in arkad. κατύ. Richtiger würde man sagen: übergang von α in ο; denn κατύ muss aus *κατό entstanden sein, wie auch ἀπύ und ἄλλυ (s. unten). Aber der übergang von auslautendem α in ο ist nirgends nachzuweisen. Brugman (morphol. unters. III, 143) nimmt an, das aus κατά durch anlehnung an ἀπό *κατό entstanden sei. Doch ist der bedeutungszusammenhang zwischen ἀπό und κατά ein sehr loser. — Vielleicht könnte man an eine beeinflussung durch das adverb κάτω denken. An einen lautlichen übergang von α in ο (υ) ist jedenfalls schwerlich zu denken.

2. Gem. griech. ε.

= 1. Idg. e, in hochtonsylben und wohin es aus solchen übertragen ist.
= 2. Idg. E, schwächung von ē (und ō im perf.) τίθεμεν gegenüber τίθημι.

Gem. gr. ε bleibt im arkadischen stets ε, ausgenommen in einem speciellen falle.

Scheinbar α für ε haben wir in ἰαρής (od. ἰαρῆς Le Bas 340 d), wenn diese form als arkadisch gelten müsste, worauf allerdings die endung hinweist; auch findet sich ἰαρής im kyprischen (Deecke, Bezzenberger Btr. VI, 71 u. 140); es ist aber schwer über das verhältniss von ἱερός, ἰαρός und (jonisch) ἱρός zu entscheiden. Ist ἰαρός das ältere, so ist ἱερός eine analogiebildung; wenn ἱερός ursprünglich, ἰαρός.

Scheinbar für ε eingetretenes α in Μαλαγχόμας ist schon oben erörtert worden.

Dagegen geht ε über in ι in der praeposition ἰν = ἐν, die sowohl mit dem dativ (oder locativ) als mit dem accusativ verbunden wird. Zweimal erscheint ἰν; Röhl, n. 105, z. 6 und Le Bas, n. 340 c, z. 5/6.

Man könnte nun zwar ἰν für eine form des vulgärdialekts ansehen, und die ausnahmelosigkeit, mit der wir in der grossen inschrift von Tegea ἰν auftreten sehen, könnte dies bestätigen. Aber andererseits ist die erstgenannte inschrift (Röhl n. 105) alt, auf dieser kann von vulgärdialekt nicht die rede sein; zweitens finden wir ἰν in Le Bas 340 c in einer formelhaften wendung: ἰν πολέμοι καὶ ἐν ἰράναι, es ist aber schwerlich anzunehmen, dass gerade in solchen zuerst vulgärformen auftreten sollten; im gegentheil: eher könnten wir hier eine alterthümlichkeit vermuten. Nun ist ja ἰν aus ἐν entstanden; wäre aber überall ἐν zu ἰν geworden, so würden sich beide einander ausschliessen; sie könnten nicht nebeneinander existiren; es muss vielmehr ἐν nur unter gewissen bedingungen zu ἰν geworden sein: welche diese sind, ergiebt sich schon aus der formel: vor πολέμοι mit consonantischem anlaute steht ἰν, vor ἰράναι mit vocalischem aber ἐν. Demnach

könnte man nun annehmen, das *ἐν* vor consonanten zu *ἰν* geworden sei, vor vocalen aber geblieben sei, und dass beide formen sich neben einander erhalten hätten, dass dann — naturgemäss — später eine vermischung von *ἐν* und *ἰν* eingetreten, so dass beide promiscue vor jedem anlaut stehen konnten —; eine ausgleichung, die sich zuletzt zu gunsten von *ἰν* entschied. Dass nun diese doppelte behandlung wirklich stattgefunden haben könne, dafür spricht auch die analoge thatsache in andern sprachen. So ist es ein bekanntes altgermanisches lautgesetz, dass e vor nasal + consonant (oder gedehntem nasal) zu i werden muss: brinnan aus brennan
     rinnan › rennan (renvan)
dagegen: brennen aus branjan u. s. w. Ein ähnliches lautgesetz bemerken wir im lateinischen. In dieser sprache scheint e vor nasal + consonant zu i geworden zu sein, wenn es gleich altem, hochtonigen idg. e ist; dagegen geblieben zu sein, wenn es als svarabhakti vor *n* oder *m* entstanden ist.

Die beispiele, welche ich dafür bieten kann sind nicht sehr zahlreich, weil es überhaupt schwer zu sagen ist, wo ein i vor nasal + consonant = urspr. e ist und wo = ursprünglichem i (letzteres z. b. in pingo und anderen formen). Dazu kommt noch, dass in vielen fällen die hochtonstufe durch die untonstufe, häufiger noch diese durch jene verdrängt worden ist, so dass man in grosse unsicherheit geräth. Einigermassen sicher sind vielleicht folgende beispiele: für in, im = idg. en, em.

1. quinque = *πέντε*
2. tingo, *τέγγω*
3) stringo √streng., *στραγγ-άλη* mit schwacher wurzelform
4. in = en

Darnach läge en (nicht *n*) auch vor in viginti; vgl. indess *Ϝίκατι*; triginta u. s. w.

Vgl. auch lingua (altlat. dingua) = tuggo, pinguis = *παχύς*, wo in = *n* zu sein scheint statt en, em = idg. *n*, *m*.

1. centum
2. mens (mati)
3. venio (*βαίνω*)
4. tentus (*τατός*, tatás)
5. densus (*δασύς*)
6. levis (*lenhvis — *ἐλαχύς*)
7. ensis — asi
8. venter = *γαστήρ*?

Dagegen ventus = wind.

Was das arkadische betrifft, so können wir nun aber nicht das gefundene gesetz dahin formuliren, dass jedes ε vor nasal + consonant zu ι geworden sei; denn wir finden. formen wie: πέντε (in πεντήκοντα B. T. z. 23, 30); ἀδικέντα ib z. 4; ἰσδοθέντων ib z. 7, ποέντω ib z. 9, κατυβλαφθέν τοῖς... ib z. 43 (Bergk, jedoch falsch: κατυβλαφθίν) μέν (τὸμ μὲν ἐργάταν) ib. z. 51; ὑπάρχεν τάν ib. z. 55; kurz die praeposition ἰν steht allein.

Gleichwohl müssen wir ein bestimmtes gesetz annehmen; jedes gesetz aber hat seine kategorie von ihm unterworfenen fällen; ob dieses nun ein einziger oder hunderte von fällen sein mögen, ist gleichgültig. Welches das gesetz war, wie es beschaffen war, dass es nur dies eine wort treffen konnte: wir wissen es nicht. Vielleicht mag die einsylbigkeit und tonlosigkeit des wortes die ursache gewesen sein.

Uebergang von ε zu ι vor vocalen findet durchaus niemals statt; hierin unterscheidet sich das arkadische vom kyprischen auf das schärfste, wo jedes ε vor α oder ο zu ι geworden ist. Die form πόλιος, B. T. z. 12 ist nicht aus πόλεος entstanden, sondern vom stamme πολι — gebildet. Die namen Θρασέας Foucart bei Le Bas 338 b C 21 und Θερσίας, Le Bas 337 a sind nicht identisch, sondern mit verschiedenem suffix gebildet.

Ein übergang von ε in ι scheint stattzufinden in Ϝιστίαν, Foucart bei Le Bas, 352 p. 18; name eines mannes, was auf ein fem. Ϝιστία = att. ἑστία schliessen lässt. Dieses ι vor s + consonant für ε kommt in allen dialekten vor, vgl. G. Meyer, § 33. Es wird aber wol i mehr svarabhakti (secundärer hülfsvocal) oder shwâ (rest eines ursprünglichen vocals) sein, der sich zu einem vollen vocal ausgewachsen hat und, da s dem i verwandt ist an farbe, die i-färbung angenommen hat.

Die flexion war wohl ursprünglich diese:
Nom. Ϝεστιᾱ
Gen. *Ϝ'σιιᾶς, *Ϝισιιᾶς, Ϝιστίας.

Wir finden als reduction von Ϝε sonst meist u (v); wenn hier Ϝ nicht vocalisirt ist, so ist der grund wohl der, dass Ϝ hier ein spirantisches Ϝ v, nicht ein halbvocalisches w (u̯) war[1])

---

[1]) In ähnlicher weise erklärt sich das verhältniss von χέλλιοι (lesbisch), χήλιοι, χείλιοι (boiot.) zu χίλιοι att. homerisch. Das indische sahasra zeigt einen kürzeren stamm ghesro, griech. χεσλο. Dieser stamm musste in den schwachen casus die form annehmen: χ'σλι, χισλι, χισλο, χιλλο; χιλο; daher bei Homer ἐννεάχιλοι, δεκάχιλοι (G. Meyer § 406). Starker stamm χελλο, χηλο, χειλο; nun trat eine erweiterung mit mit suffix ιο ein und zwar in beiden stammformen (s. p. 4, anm. 1). Daher einerseits χίλλιοι u. s. w., andererseits χίλιοι; ein altes *χίσλιοι selbst noch ablautend dürfen wir nicht ansetzen.

3. Gem. gr. ι = indog. ι, reduction von ει und οι.
Ist im arkadischen unverändert geblieben. Beispiele: τι, περί, τρισί u. a. m. (B. T.)

4. Gem. gr. o = 1. idg. o, perfectstufe zu e als praesensstufe,
= 2. idg. o, (Saussure ϱ) reduction von ō
(=lat. a).
vgl. δίδωμι δίδομεν (damus).

Dass τριακάσιοι älter ist als τριακόσιοι, somit übergang von ο zu α ausgeschlossen, ist bereits oben erwähnt worden.

Gem. gr. o wird im arkad. kypr.[1]) im auslaut mehrsylbiger worte zu u (v), ausgenommen nach (v der vorhergehenden sylbe oder) nach vorhergehendem ν.

Einsylbige worte behalten ο, seien sie betont oder nicht, also ὅ, τό; πρό ist nicht belegt[2])

Die ausnahme gründe ich auf δύο (B. T. öfter); hier ist streben nach dissimilation die ursache. Für ὑπό liegt leider kein beispiel vor.

Die fälle, in denen der lautübergang belegt ist, sind:
ἀπύ aus ἀπό (B. T. öfter)
ἄλλυ aus ἄλλο (B. T. z. 40)
κατύ; vgl. p. 14 (B. T. öfter).

Dazu kommen noch im kyprischen die 3te pers. sing. medii der nebentempora; im arkadischen ist diese nicht belegt, aber zweifellos lautete diese form dort auf τυ, plur. νευ aus. Hierher ist auch zu rechnen der übergang von āo in αυ im genitiv der ā-stämme, weiteres darüber s. unter »diphthonge«.

5. Gem. gr. u (v) = idg. u, reducirt aus eu und ou.

Für υ sind die beispiele nicht so zahlreich wie für die übrigen kurzen vocale; es findet sich in ὕστερον (B. T. 5), κύριον (ib. z. 6), λαφυροπωλίου (ib. z. 11), λυμαίνητοι (ib. z. 16) ἔγγυος, (ib. z. 38) u. s. w.

Für das gem. gr. ist natürlich noch ein laut u, nicht ü anzusetzen, da mehrere dialekte u noch bis in späte zeit treu bewahrt haben; dahin gehören mit sicherheit das boiotische, das lakonische, das lesbische

---

[1]) Wie auch im Pamphylischen.
[2]) Kypr. πο in ποιχόμενον könnte man hierher ziehen, taf. v. Idalion, z. 19.
Im kyprischen findet sich auch υ für ο in δυϝάνοι (zur lesart vgl. Deecke, Bezzenberger Btr. VI, p. 153). Ahrens, Philol. 35, p. 74 will ἐπίδυκε lesen in z. 4 der bilingue von Idalion, wo Deecke-Sigismund ἐπέτυχε lasen; entweder müsste hier auch ω zu ū geworden sein, was nicht wahrscheinlich ist; oder das υ der schwachen formen eingedrungen sein. Im kyprischen scheint demnach die verwandlung von o in υ in weiterem umkreise stattgefunden zu haben als im arkadischen, wie es auch im pamphylischen der fall ist.

(wegen des graphischen wechsels von v und o) und das kyprische[1]) aus demselben grunde; aus dem übergang von o in v im auslaute geht dies nicht direct hervor, da auch solches $v = u$ späterhin immer noch ein ü geworden sein kann; auch kann das alte u schon ü geworden sein, ehe aus dem o ein neues u entstand. Aber aus dem angeführten grunde müssen wir dem kyprischen und damit wohl auch dem arkadischen die aussprache u zuschreiben. Von diesem lautwandel abgesehen ist gem. gr. u im arkadischen keiner verwandlung unterzogen worden.

b. Lange vocale.

1. Gem. gr. $\bar{a}$ = 1. idg. $\bar{a}$
2. Durch contraction von $\alpha + \alpha$ entstanden[2])

Gem. gr. $\bar{a}$ ist im arkad. stets geblieben. Beispiele für gem. gr. $\bar{a}$ bieten vornehmlich die casus der stämme mit suffix $\bar{a}$; ferner vgl. ἀμέραις (B. T. z. 4) στρατᾱγοί (ib. z. 9) ἁλιαστα(ί) (ib. z. 27) u. a. m.

Wir haben hier der form ἄλλη erwähnung zu thun (vgl. B. T. 36) die eine unerklärliche ausnahme bilden würde, wenn sie als instrumental des femininstammes ἀλλᾱ aufgefasst würde. Aber diese auffassung ist eben darum hinfällig. Die form ist vielmehr ein instrumental des neutrums, wie dies auch von Brugman, morph. unters. II 244 erkannt worden ist. Man vergleiche goth. hvê, þê; andere beispiele s. Brugman, a. a. O.

Ich will ferner hier auch die zahlwörter, die ein mehrfaches von 10 bezeichnen und auf ήκοντα ausgehen, von denen im arkad. nur πεντήκοντα vorliegt (B. T. z. 23, 30), anführen. Schrader, stud. X 275, hat von der annahme ausgehend, dass η aus $\bar{a}$ entstanden sei, mit recht hier eine schwierigkeit gefunden, weil die formen mit η auch in den $\bar{a}$-dialekten auftreten. Sein ausweg aber, überall diese als attische eindringlinge anzusehen, sagt mir nicht zu. Mag es auch sein, dass in diesen worten zuerst der vulgärdialekt sich eindrängte, so wäre eine solche ausnahmelosigkeit doch zu wunderlich; es müsste doch ein schwanken der dialekte sich zeigen. Es bleibt uns nichts übrig als das η in πεντήκοντα als gem. gr. anzusehen, da es in allen westgriechischen

---

[1]) Vgl. M. Schmidt, K. Z. IX, p. 366, Ahrens in Philol. 35, p. 8—9.

[2]) Vgl. jedoch G. Meyer § 124, wonach die Ionier $\breve{a} + \breve{a}$ keineswegs immer zn $\bar{a}$ contrahirt hätten; ist diese auffassung richtig, so kann das contrahirte $\bar{a}$ nicht gem. griech. sein.

Das durch »ersatzdehnung« aus α entstandene $\bar{a}$ = att. jon. η ist nicht gem. griech., weil die Lesbier und Thessalier an der ersatzdehnung überhaupt nicht theilnahmen.

dialekten vorkommt. Aber es ist auffallend, dass in τριάκοντα ein $\bar{a}$ vorliegt, im attischen grade da, wo nach bekanntem gesetze dieser mundart das alte $\bar{a}$ erhalten bleiben muss. τριάκοντα wird man aber ungern von πεντήκοντα trennen; ebenso schwer fällt es, letzteres von quinquāginta abzulösen. An einen gem. griech. übergang von $\bar{a}$ zu η darf jedoch in keinem falle gedacht werden. Mithin bleibt hier ein räthsel; doch lässt sich vielleicht folgende lösung denken, die ich als versuch hier mittheilen will.[1])

Es ist bekannt, dass τριᾱ in τριάκοντα ein nom. acc. plur. ist des stammes tri (trej). Die idg. form ist tri^{a}. Es wird in allen idg. dialekten zu ī; nur im griech., wenigstens im auslaute, zu ια; während lat. triginta, maria u. s. w. neubildungen sind. Das griech. hat in der alleinstehenden form τριᾰ, in τριάκοντα aber τριᾱ, nach analogie der o-stämme, die ursprünglich im auslaut dieser form einen langen vocal hatten,[2]) diesen aber gegen einen kurzen eingetauscht hatten, nach analogie der consonantischen stämme.[3]) Hier ist einmal der versuch zu der umgekehrten übertragung gemacht worden. Zu einer zeit wird ein schwanken bezüglich der endungen stattgefunden haben. Consonantische und vocalische flexion beeinflussten sich gegenseitig, bis endlich jene siegte, aber in τριάκοντα, das längst zu einem worte verschmolzen war, blieb das einmal eingeführte $\bar{a}$ erhalten: ja, wenn, wie ich glaube, die o-declination im nom. acc. plur. der neutra ō hatte wofür $\bar{a}$ durch den einfluss der consonantischen flexion, die erst eine qualitative angleichung (ō zu $\bar{a}$) veranlasste, dann eine quantitative ($\bar{a}$ zu a) —, so haben wir im dorischen τετρώκοντα eine noch ältere form, gebildet nach analogie der o-stämme, als diese noch den plural auf ω endigen liessen. Neben τριάκοντα bestand also τρία. So bestand neben einem *πεντάκοντα (quinquāginta) πέντε.

In dem verhältnisse τρία zu τριάκοντα wie πέντε zu *πεντάκοντα liegt unzweifelhaft ein parallelismus der bedeutung vor. Was erscheint natürlicher, als das instinctive streben nun auch einen parallelismus der form herzustellen?

Nun verhält sich α zu $\bar{a}$ wie ε zu η. Es war also nur nöthig den ε-vocalismus von πέντε dem α-vocalismus von *πεντάκοντα zu

---

[1]) Bezzenberger, in seinen »beiträgen« V p. 316, anm. 2 will das η von πεντήκοντα und das $\bar{a}$ von quinquāginta aus ablaut erklären. Ich würde diese erklärung gerne acceptiren, wenn ich nur wüsste, wie B. sich den ablaut denkt.

[2]) Jon. τριήκοντα, aber τεσσεράκοντα, also hier kurzer vocal.

[3]) Vgl. ahd. wort gegenüber goth. vaurda.

substituiren, mithin ein *πεντήκοντα* einzuführen, so war diesem dunkeln drange ein völliges genüge geleistet.

Hiernach könnten dann die übrigen formen auch neugeschaffen worden sein. Als neben *πεντάκοντα schon *πεντήκοντα* existirte — denn natürlich ward die alte form nicht sofort verdrängt —, bildete sich zu *ἑξάκοντα ein *ἑξήκοντα* u. s. w.

2. Gem. gr. η = idg. $\bar{e}$.

Es bleibt im arkadischen durchweg, z. b. *γίνητοι* (B. T. z. 2), *μή* (ib z. 5), *ἐσδοτῆρες* (ib z. 6), *πλήϑι* (ib z. 20) u. s. w.

Zu bemerken ist, dass die contractionen von $\varepsilon + \varepsilon$, $\eta + \varepsilon$ ($\varepsilon + \eta$?) nicht gem. griech. sind, da sie verschiedenes in verschiedenen dialekten ergeben. $\varepsilon + \varepsilon$ wird entweder $\varepsilon\iota$ oder η; $\eta + \varepsilon$ im attischen $\varepsilon + \eta$; dies ist auch die form, die das attische lautgesetz der »metathesis quantitatis« verlangt; *ἱππέες*, woraus *ἱππεῖς*, beruht auf angleichung an *ἱππέων*; *ἱππέης* ist erst in historischer zeit in *ἱππῆς* contrahirt worden. $\varepsilon + \eta$ liegt vor in *φιλῆτε (φιλέητε)* und diese contraction scheint gemeingriechisch, jedoch nicht die von *κλέης* in *κλῆς*, weil *F* nicht gem. gr. geschwunden ist; dagegen trat sie ein, ehe im boiotischen ε vor vocal zu ι wurde, denn sonst hätten wir in diesem dialekte *κλίεις* aus *κλέης*; wir haben aber *κλεῖς* aus *κλῆς*· (Vgl. Meister, Bezzenberger Btr. VI, p. 33; n. 11 u. a. m., dagegen ·p. 25 n. 2, 15: *Σ[ω]κλί[α]ς*.)

Eine scheinbare ausnahme der regel scheint *ἰρᾶναι*, Le Bas 340 c, z. 6. Da wir auch im eleischen einen, allerdings noch nicht bestimmt abgegrenzten, lautlichen übergang von η in $\bar{a}$ anzunehmen haben, so würde dies auch für den arkad. dialekt möglich scheinen, wenn nicht die zahl der beispiele nur auf dies wort beschränkt wäre. Auch lässt sich das $\bar{a}$ von *ἰρᾶναι* immerhin auch sonst erklären. Setzen wir als wurzel ver, so würden, mit suffix $\nu\bar{a}$ gebildet ein nomen entstehen; vernā.

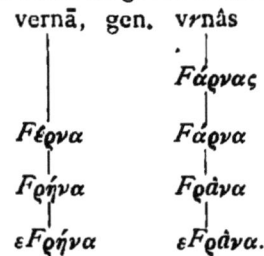

Dadurch erklärt sich der gegensatz von $\bar{a}$ und η leicht.

3. Gem. gr. i = 1. Indog. i.

Gem. gr. $\bar{i}$ bleibt im arkad. $\bar{i}$ vgl. *Νικίας Νικοδάμω* Foucart bei Le Bas 338 b B 12.

In *Τεισίμαχος*, *ἀπυτεισάτω* (B. T. z. 37); *ἔστεισιν* (B. T. z. 39) ist *ει* längst als das richtige anerkannt worden, wofür *ῑ* eine falsche schreibung ist. In *τῑμά*, das in vielen zusammensetzungen erscheint als *Τιμοκλῆς* und anderen namen, ist *ῑ* ursprünglich oder vielmehr gem. griechisch. Es lässt sich in verschiedener weise erklären, nach Saussure von einer nebenwurzel (ti^A); nach Osthoff durch den nebenton; es kann auch partielle ausgleichung sein von einer ursprünglichen flexion:

τείμᾱ [1])
τίμᾱς.

4. Gem. gr. ω = idg. ō 1. hochtoniges *ō* *(δίδωμι)*
2. tieftonig zu *ᾱ, η, ω*.

Gem. gr. ω bleibt im arkadischen erhalten, vgl. *ἔστω* (B. T. z. 6) *ἔργων* (ib. z. 7) *κωλύων* (ib. z. 10) *ἐφθορκώς* (ib. z. 10/11). Ein *ω* der perfectstufe einer *ē* wurzel liegt vor in *ἀφεώσθω* (B. T. 14).

5. Gem. gr. *ῡ* = idg. ū.

Dasselbe bleibt im arkad., vorausgesetzt, dass es nicht wie in vielen dialekten zu *ū* geworden. Vgl. *διωκωλύσει* (B. T. z. 6/7), *ὁμοθῡμᾱδόν* (ib. z. 38). Sonstige veränderungen des lautes kommen nicht vor. Vgl. gem. gr. u; p. 16—17.

c. Einfache diphthonge.[2])

Die einfachen diphthonge des griechischen sind: *αι ει οι υι*
αυ ευ ου

ου ist diphthong, wenn es die perfectstufe zu *ευ* bezeichnet.

1. Gem. gr. *αι* = idg. ai *(Ai)*.

Gem. gr. *αι* bleibt im arkadischen, auch im auslaute, stets *αι*.

Eine ausnahme scheint zu bilden die dritte pers. sing. medii endung *τοι* = *ται* der andern dialekte. Indess ist auslautendes *αι* erhalten geblieben im nom. plur., in den infinitiven auf *αι* (— *ναι*, — *σθαι*, — *σαι* oder — *αι* in *γράψαι* Röhl, n. 105, z. 6); — *αι* in *ἰράναι* (Le Bas 340 c), wo allerdings an und für sich *αι* auch *ᾱι* bedeuten könnte,[3]) *αι* aber, wenn *α* kurz, erst secundär entstanden ist. Es kann also von einem lautlichen übergang von *αι* in *οι* nicht die

---

[1]) Vielleicht noch mancher lange sonant liesse sich auf diese weise erklären (Vgl. II. Möller, K. Z. XXIV, p. 504, wo über das verbal-suffix *νυ* sicher das richtige getroffen ist).

[2]) Ueber die diphthonge vor vocalen vgl. unten unter „schwund von consonanten." Da i und u, wenn sie schwinden, zuvor consonantisch geworden sein müssen, so rechtfertigt sich, hoffe ich, die verlegung dieser örörterung an jene stelle, zumal da davon auch der schwund von *σ* und anfänglich consonantischen *γ* und *υ* nicht wohl zu trennen ist.

[3]) Arkadisch kann *ᾱι* nicht sein, da *ᾱι* zu *ᾱ* werden musste. Vgl. unten.

rede sein. Dass *o* von *τοι* kann auf keinen fall getrennt werden von dem *o* in *το,* (3 pers. sing. medii praeteriti), das freilich arkad. zu *τυ* werden musste. Ist darnach — natürlich, als noch *το,* nicht *τυ* gesprochen wurde, — *τοι* entstanden, so muss diese form immerhin alt sein. Es wäre aber auch möglich, dass das *o* von *τοι,* wenn auch identisch mit dem von *το,* so doch unabhängig von ihm wäre; dass *ται* und *τοι* ursprüngliche nebenformen sind; vielleicht kann *τοι,* wenn wir die altind. endungen sāi, tāi (u. s. w.) auf idg. sōi, tōi zurückführen dürfen, eine mischbildung von tōi und tai sein.[1]) Zu beachten ist auch das thessalische *τει* in der neuentdeckten inschrift von Larissa; für dieses freilich mangelt es mir an jeder erklärung.

2. Gem. gr. *ει* = idg. *ει.*

Das gem. gr. *ει* hat zur zeit unserer denkmäler schon den übergang in *ī* erfahren; dies wird bewiesen durch *πλ[ή]θι* B. T. z. 19 und *ἰράναι,* Le Bas 340 c, entstanden aus *εἰράναι.* Aber geschrieben wird sonst immer *ει,* vgl. *ει,* B. T. z. 2 und öfter, *διακωλύσει,* ib. z. 6/7; *σφεις,* z. 18, u. a. m. Nur für die inschriften älterer zeit ist wohl noch die aussprache ei für *ει* anzunehmen, z. b. vgl. Röhl, n. 105, *Ἀλείοισι.* Ausser diesem erst späteren allgemein griechischen übergang in *ī* hat gem. gr. *ει* im arkadischen keine veränderung erlitten; das einzige beispiel, das man dagegen anführen könnte: *Ποσοιδᾶν* (vgl. *[Π]οσοιδᾶνος* Röhl, n. 94; *Π[ο]σοιδ[α]ίας* Le Bas 352, p. 14) kann in seiner vereinzelung einen übergang von *ει* in *οι* nicht beweisen; ich muss auf eine erklärung dieser formen verzichten. Dieselbe eigenthümlichkeit findet sich auch im lakonischen *Ποοιδᾶνι* auf der stele des Damonon, Röhl, n. 79, das ausserdem noch auffällt durch den ein *σ* ersetzenden spiritus, da *Ποτοιδᾶνι* zu erwarten wäre.

Die übrigen diphthonge: *οι, υι, αυ, ευ, ου* scheinen keiner verwandlung im arkadischen unterworfen gewesen zu sein. *υι* kommt geschrieben vor in *υἱύν* Röhl n. 105; möglicherweise ist *ι* hier halbvocal; für diphthongisches *ου* ist mir kein beispiel bekannt — abgesehen von dem hesychianischen *οὖνει,* wo aber, wenn das wort überhaupt arkadisch ist, *ου* vielleicht einem *ū* der andern dialekte entsprechen kann.[2])

---

[1]) Dass das altind. sāi, tāi im conjunctiv allein vorhanden ist, scheint mir kein grund gegen jene möglichkeit. Besondere endungen hatte der conjunctiv im idg. nicht; wenn derselbe von mehrfachen vorhandenen endungen — und dass mehrere vorhanden gewesen und damit eine abstufung derselben, beweist zum beispiel slaw. pečeši gegenüber pečeti — die gedehnteren bevorzugte, mag darin eine art von wahlverwandschaft liegen; auf jeden fall sind diese indischen suffixe altidg., da sie schwerlich sonst genügend erklärt werden können.

[2]) Graphisch nämlich, wenn im arkad. *υ* den laut u bedeutet; sowie auch lakon. u, das die Lakonen selbst *υ* schrieben, mit *ου* bezeichnet wird.

d. Mehrfache dipththonge.[1]

Der mehrfachen diphthonge giebt es im gem. gr. sechs: $\bar{α}ι$, $ηι$, $ωι$ (ϱ η φ) und $\bar{α}υ$ $ηυ$ $ωυ$. $ωυ$ kommt im jonischen noch alt vor; andere beispiele von $ωυ$ s. G. Meyer § 116. Altes $ωυ$ des jonischen findet sich in $θωῦμα$, $τρωῦμα$, das sich zu $θαῦμα$, $τραῦμα$ verhält, wie vielleicht $γρόππα$ (d. i. $*γροφμα$) zu $γράμμα$.[2]) Alle andern $ωυ$ sind secundär entstanden. Als anlautssylbe in augmentirten formen von verbis, die mit $οὐ$ beginnen, kommt $ωυ$ nicht vor.

Diese laute, die anlautend und inlautend nicht sehr zahlreich sind, finden sich etwas häufiger in suffixalsylben.

Wenn sie auslauten, nicht etwa nur in auslautender sylbe stehen, so scheinen sie im arkadischen und kyprischen, wie in einigen andern dialekten verkürzt zu sein; es giebt aber eine doppelte möglichkeit der verkürzung, nämlich: es kann der auslautende halbvocal abfallen, wie später in allen griech. dialekten in $α$, $η$, $ω$ (nur diese kommen in jener zeit in betracht) geschehen ist, oder es kann das erste element verkürzt werden, aus $ωι$ $οι$ werden u. s. w. Da für beides anzeichen vorhanden zu sein scheinen — natürlich kann bei einem und demselben laut nicht beides unter denselben Bedingungen geschehen sein — so müssen wir beide möglichkeiten nach einander betrachten.

1) Dafür, dass das erste element verkürzt worden sei, scheint zu sprechen der dativ auf $οι$. Die reguläre Form des dativs ist $ωι$ in den meisten dialekten; in andern dagegen $οι$. Der eigentliche dativ war jedenfalls gem. gr. $ωι$. Sollte nun $οι$ im eleischen, arkadischen, boiotischen (wo später $\bar{υ}$) aus $ωι$ entstanden sein? Giebt es dafür analogien?

Im eleischen haben wir conjunctive auf $αι$: $δοθᾶι$, $ἀνατεθᾶι$. Dieses a in $αι$ möchte ich für lang halten, = $\bar{α}$. Da aber $\bar{α}ι$ aus $ηι$ entstanden ist, dies aber aus $ε-ηι$, der diphthong also vier moren zählt, hingegen $ωι$ nur drei, so würde, wenn auch die länge von $αι$ sicher ist, dies für die behandlung von $ωι$ noch nichts beweisen.[3]

---

[1]) Unter »mehrfachen diphthongen« verstehe ich diejenigen, welche mehr als zwei moren zählen; nach dem vorgang Mahlows »die langen vocale«, der p. 52 ff. den Ausdruck »mehrfache länge« anwendet.

[2]) Wenn nämlich $ρο$ in $γρόππα$ nicht $= r$ (oder $\bar{r}$) ist, sondern o vocal der perfectstufe ist.

[3]) Wahrscheinlich ist es übrigens doch, dass diphthonge mit vorgriech. 3 und 4 moren im griechischen zusammengefallen sind; d. h. dass die von 3 moren eine more eingebüsst haben. Nach der ansicht von Mahlow, a. a. O. p. 52 ff. haben auch alle diphthonge von 3 moren eine eingebüsst in gem. griech. zeit; dies ist irrig; kaum für einzelne dialekte lässt sich diese verkürzung der diphthonge im auslaute nachweisen. Dass es z. b. im boiot. thessal. nicht der fall ist, auch nicht im arkad. kypr., zeigen die obenstehenden erörterungen.

Anders im boiotischen und thessalischen, wo conjunctive der thematischen (nicht abgeleiteten) verben vorliegen. In beiden dialekten endet die dritte singularis auf $ει$, was eine doppelte erklärung zulässt, entweder $ηι, ει$ oder $ηι, η, ει$ (Cauer 117, 49 hat $[πράτ]τη$; aber Meister, Bezzenberger Btr. V. p. 215, Orchomenos 21, 49, $[πράτ]τ[ει]$).

Dass $ει$ aus $η$ (und dies aus $ηι$) entstanden sei, ist das weitaus wahrscheinlichere, wenn wir bedenken, dass, wenn $ει$ aus $ηι$ entstanden wäre und also echter diphthong wäre, es später zu $ῑ$ hätte werden müssen. Ward aber $ηι$ zu $η$ und dies zu $ει$, so ist $ει$ nicht diphthong und bleibt.[1]) Freilich könnte $ηι$ zu $ει$ verkürzt sein, zu einer zeit, wo $ει$ bereits zu $ι$ geworden war, so dass es, nach erlöschen des lautgesetzes, die verwandlung in $ῑ$ nicht auch mitmachen konnte. So wäre allerdings die entstehung von $ει$ aus $ηι$ nicht ganz ausgeschlossen; dann könnte auch (müsste jedoch keineswegs) $οι$ aus $ωι$ entstanden sein. Aber dagegen spricht wieder das thessalische $δάμου$, das nur aus $δάμω, δάμωι$, nicht aus $δάμοι, δάμωι$ entstanden sein kann; ebenso wird dann aber auch $ει$ im thessalischen aus $η, ηι$, nicht direct aus $ηι$ entstanden sein. Dies ist denn auch für das boiotische anzunehmen, da beide dialecte im vocalismus verwandt sind (womit ich keineswegs gesagt haben will, dass sie auf einen urdialekt zurückgehen müssen).

Da nun ferner $οι$ auch anders erklärt werden kann — im attischen, wo $ωι$ und $οι$ $(ει)$ neben einander stehen, muss es dies —, da es ferner wahrscheinlich ist, dass auch das arkad.-kypr. sowohl $ωι$ als $οι$ besass (s. unten), da ferner diese verkürzung im arkadischen sonst nicht nachgewiesen werden kann, so fasse ich $οι$ als besondere form, als locativ, und verwerfe die annahme einer entstehung von $οι$ aus $ωι$.

2) Für die zweite art der verkürzung sprechen besonders die conjunktive auf $η$ z. b. $τυγχάνη$, BT z. 14, die auch kypr. sind.

Diese liessen sich, wenn es sein müsste, auch anders erklären; $ἔχη$ kann direct aus $*ἔχητ$ stammen; mit secundärer personalendung; während in $ἔχη$, das im übrigen seinem entstehen nach noch ebenso unerklärt ist wie $ἔχει$, das $ι$ jedenfalls aus der primären endung $τι$ stammt. Indess ohne noth darf man eine solche verschiedenheit zwischen den verschiedenen dialekten nicht annehmen. Ferner ist auch zu beachten, dass im kyprischen neben den lokativen auf $οι$ dative auf $ω$ vorhanden sind; denn sicher ist überall, wo $ι$ steht, $οι$ zu lesen, nicht $ωι$, (vgl. Ahrens, philol. 35, p. 13/b).[2]) Endlich ist noch zu erwähnen,

---

[1]) Wenigstens wird es erst ganz spät zu $ῑ$.
[2]) Ahrens a. a. O. will allerdings $ωι$ neben $ω$ lesen; und $οι$, als locativ, noch neben beiden formen annehmen. Ich sehe nicht ein, weshalb ein unterschied von $ωι$ und $οι$ gemacht werden muss; ich glaube, dass nur $ω$ und $οι$ neben einander existirt haben.

der nominativ der $o\iota$-stämme: Ἀγεμώ, Röhl, n. 92, obwohl hier zur noth das fehlen des ι auch durch die analogie der andern casus erklärt werden kann. Nothwendig ist dies bei attisch αἰδώς, da aus αἴδωις laut gesetzlich gem. griech. *αἴδοις hätte werden müssen, (s. unten).

Ich ziehe daraus den schluss, dass auslautende $\bar{α}\iota$, $η\iota$, $ω\iota$ im arkad. kypr. das i verloren haben und zwar, wie sich aus der übereinstimmung der beiden dialekte ergiebt, in sehr alter zeit, vor der trennung beider. Dadurch, wie durch andere erscheinungen heben sich beide scharf und bestimmt ab von andern mundarten, in denen dieser lautwandel erst viel später eingetreten ist, abgesehen vielleicht vom boiotischen und thessalischen (s. oben).

Ueber die quantität des $α\iota$ im dat. sing. der $\bar{α}$-declination lässt sich nichts absolut sicheres feststellen. Zu bemerken ist, dass auch hier im kyprischen $α$ und $α\iota$ sich findet.

1. Ist der dativ auf $α\iota$ ein echter dativ, so muss er gem. gr. $\bar{α}\iota$ gelautet haben, aus $\bar{α} + α\iota$ in vorgriechischer zeit contrahirt. Dies ward behandelt wie $\bar{α}\iota$ aus $\bar{α} + \iota$ nach meiner ansicht, vgl. p. 23, anm. 3. Ein unterschied ist nicht nachzuweisen. Auch nach Mahlow ist $\bar{α} + α\iota$ gem. gr. $\bar{α}\iota$ (a. a. O. p. 53). Aus gem. gr. $\bar{α}\iota$ muss aber nach dem eben entwickelten gesetze $\bar{α}$ werden im kypr. und arkadischen. Diese form liegt vor oder kann vorliegen in kypr. $\bar{α}$, aber nicht im arkad. $α\iota$ und kypr. $α\iota$.

2. Ist es ein alter locativ, so muss er ursprünglich aus $\bar{α} + \iota$ zusammengesetzt sein; $\bar{α}\iota$ daraus würde nach Mahlow schon gem. griech. $α\iota$ werden, also arkad. kypr. $α\iota$ demnach echter locativ sein. Aber Mahlows ansicht kann ich nicht theilen. Mahlow übersicht z. b. die nominative auf $ω$ der $o\iota$-stämme und seine erklärung des dativs auf $ω\iota =$ skt. āja, nicht skt. āi (im pron. tasmāi) befriedigt mich nicht; ein gemeingriechischer samprasāraṇa von auslautendem je zu ι oder der übergang von auslautendem ε in ι (nach schwund von j) ist unbewiesen. Ich nehme an, dass $\bar{α}\iota$ aus $\bar{α} + \iota$ gem. gr. geblieben ist; also zusammenfallen musste mit dem alten dativ. Daraus ergiebt sich, das kypr. $\bar{α}$ sowohl dativ wie alter locativ sein kann; casus, die in der form (hier in dieser flexion) und wohl grösstentheils auch in der bedeutung sich nicht mehr unterschieden.

3. Somit bleibt für arkad. $α\iota$ nur eine möglichkeit; es kann nicht $\bar{α}\iota$ sein, weder aus $\bar{α} + α\iota$, noch aus $\bar{α} + \iota$; das $α$ muss kurz sein; die endung muss eine neubildung sein. Deren motiv ist nicht schwer zu finden, es ist der parallelismus der o- und $\bar{α}$-stämme. Denn wie in den o-stämmen das verhältniss bestand:

ωι — οι, dativ — locativ, so in den femininis
$\bar{α}ι$ — αι, dativ — locativ.

Vielleicht war der bedeutungsunterschied damals noch nicht ganz erloschen, und nun schuf man zum parallelismus der bedeutung auch den der form; man sah den langen vocal als zeichen des dativs, den kurzen als das des locativs an; damit war die bildung von αι geschehen.

Nun übernahm αι wohl zuerst die functionen des locativs, $\bar{α}ι$ (daraus $\bar{α}$) ohne rücksicht auf seine herkunft ob ($\bar{α} + αι$, ob $\bar{α} + ι$) die des dativs. So hielten sich beide formen im kyprischen, sei es mit, sei es ohne viel bedeutungsunterschied; im arkadischen aber ging der dativ später ganz verloren.

Von den übrigen formen kommt noch αυ in betracht; im gen. sing. der $\bar{α}$stämme (der masculinen und darnach auch der femininen, jedoch letzterer nur im arkadischen, nicht im kyprischen). G. Meyer, § 118, hält α für gekürzt; möglich wäre dies; daraus entsteht aber noch kein widerspruch gegen das oben entwickelte gesetz, dass die kürzung durch abfall des vocals (ι) geschehe, nicht durch kürzung des ersten theils; denn

1. kann υ andere behandlung erfahren haben als ι.

2. $\bar{α}υ$ ist erst secundär aus $\bar{α}ο$ entstanden; vielleicht zu einer zeit, wo jenes lautgesetz seine wirksamkeit schon geendet hatte.

Ganz anders steht die frage um die behandlung dieser diphthonge, wenn ihnen ein consonant (ς oder ν) folgt in auslautender sylbe. Es kommt hier zwar kein arkadisches lautgesetz in betracht, sondern ein gem.-griechisches, wir müssen aber darauf eingehen, um fragen der arkadischen lautlehre zu beurtheilen.

Wir haben zunächst die diphthongischen nominalstämme zu erwähnen, und zwar den nom. sing. und den acc. sing.

Die οι-stämme zeigen im accusativ im attischen dialekte den auslaut ώ, im jonischen dagegen und im dorischen ουν, resp. ων, deren entstehung unklar ist. Der nominativ aber zeigt kein σ mit ausnahme von αἰδώς; dies, um es gleich zu bemerken, würde gegen das aufzustellende lautgesetz sprechen; aber die einzelne form kann nicht umstossen, was erwiesen wird durch eine reihe anderer formen.

Wir müssen uns halten an die einsylbigen diphthongstämme, wie sie in βοῦς, ναῦς vorliegen, sowie für den s-auslaut an die ευ (ηυ) stämme: βασιλεῦ-ς u. s. w., um derentwillen auch diese ganze frage zu erörtern ist.

Was nun die accusative auf ν betrifft, die uns als beispiel der behandlung langer diphthonge mit n-auslaut dienen, so ist zu bemerken, dass hier schon ein idg. gesetz vorliegt. Es ist zweifellos, dass ein gr. βῶν direct = skt. gām ist, dass beide auf eine idg. form gōm hinweisen; das durch das metrum zu erschliessende übrigens seltene gāvam ist neubildung wie auch das durchaus vorherrschende nāvam; dieses genau = νῆα. Ebenso skt. Djām gleich griechisch Ζῆν, woraus mit nochmaliger anhängung des accusativcharakters an die unkenntlich gewordene form Ζῆνα entstand (woraus sich die flexion Ζήν, Ζηνός entwickelte). Vgl. zu diesen aufstellungen Mahlow, a. a. O. p. 107.

Ist die urgriech. form βῶν, so kann βοῦν nur neubildung sein; denn ω wird nicht zu ου, wenn es = idg. ō ist (πούς ist eine specialerscheinung, die noch der erklärung harrt). βοῦν kann nur nach dem nominativ entstanden sein. Ebenso würde auch ναῦν eine angleichung an den nominativ sein; die lautgesetzliche form wäre *νᾶν, jon. att. *νῆν. Allerdings sind βῶν und Ζῆν die einzigen beispiele für dies lautgesetz, das übrigens nicht viele fälle unter sich hat; aber seine übereinstimmung mit gām kann unmöglich auf zufall beruhen. Zu dem sind die anzunehmenden analogiebildungen leichtester art.

Die mehrsylbigen stämme auf ηυ (ευ) haben nur α im accusativ.

Die dualform ταῖν geht sicher nicht auf idg. tāin oder tāim zurück, widerspricht also nicht.

Das idg. lautgesetz formulirt sich also so: ein u (oder andrer sonant?) als zweiter bestandtheil eines mehrfachen diphthongen fällt — wohl nur in einsylbigen worten — vor auslautendem nasal weg. Idg. gōm, Djēm[1]) aus gōvm, djēvm.

Anders bei auslautendem s; hier haben die einzelsprachen ihre eigene behandlungsweise; das skt. hat den langen diphthong erhalten: gāus; das lateinische u verloren: bōs.

Das griechische hat nun in diesem falle den ersten theil des diphthongs gekürzt.[2]) Dagegen spricht nun, wie es scheint, das dorische βῶς; auch die formen ἱερής, γραφής arkad., kyprisch und dorische formen wie Τυδής (G. Meyer § 321). Daraus scheint hervorzugehen, dass das westgriech. wie das italische verfahren sei. Aber das kyprische hat neben ἱερής (oder ἰαρής nach Deecke, Bezzenberger Btr. VI, p. 71, 140) auch βασιλεύς; öfter auf der bronze von Idalion

---

[1]) In mehrsylbigen worten scheint m immer vocalische function in solchen fällen erhalten zu haben, vgl. αἰδώ u. s. w. im attischen. Hierin stimme ich mit Mahlow nicht überein.

[2]) Dies hat zuerst hervorgehoben Mahlow, p. 52, 53.

zu finden. Dadurch wird jene annahme bedenklich. Eine von beiden formen ist nothwendig eine neubildung; es fragt sich, welche.

Nehmen wir an, dass ης aus ηυς entstanden sei, also die ältere form sei; wie ist dann ευς, der genitiv εος u. s. w. zu erklären? Gesetzt die älteste declination war im westgriechischen, das uns allein angeht, diese:

$$\gamma\rho\alpha\varphi\acute{\eta}\varsigma$$
$$\gamma\rho\alpha\varphi\tilde{\eta}\nu\text{ος}$$

so müsste man annehmen, dass ηυ wieder in den nominativ eingedrungen sei

$$\gamma\rho\alpha\varphi\eta\acute{\upsilon}\varsigma$$
$$\gamma\rho\alpha\varphi\tilde{\eta}\nu\text{ ς}$$

sodann sei im nominativ γραφηύς die **lautliche verwandlung** von ηυς in ευς, die wir nicht für das westgriechische anerkennen wollten, secundär doch eingetreten — denn ohne sie kommen wir nicht weiter — so erhalten wir:

$$\gamma\rho\alpha\varphi\varepsilon\acute{\upsilon}\varsigma$$
$$\gamma\rho\alpha\varphi\tilde{\eta}\nu\text{ος}$$

dann nach analogie des nominativs ε statt η in den genitiv eingedrungen

$$\gamma\rho\alpha\varphi\varepsilon\acute{\upsilon}\varsigma$$
$$\gamma\rho\alpha\varphi\acute{\varepsilon}\nu\text{ος, }\gamma\rho\alpha\varphi\acute{\varepsilon}\text{ος}$$

Und bei allen wechselfällen soll das alte γραφής trotzdem bewahrt geblieben sein. Dies scheint mir ein viel zu grosser umweg, der aufzugeben ist, wenn sich ein bessere erklärung findet.

Nehmen wir ferner an, die alte flexion sei gewesen

$$\gamma\rho\alpha\varphi\eta\acute{\upsilon}\varsigma$$
$$\gamma\rho\alpha\varphi\acute{\varepsilon}\nu\text{ος, }\gamma\rho\alpha\varphi\acute{\varepsilon}\text{ος, }$$

woraus, indem der kurze vocal ε auch in den nominativ eindrang, so dass γραφεύς entstand, indem zugleich die alte form γραφηύς blieb und lautgesetzlich zu γραφής wurde — also hier das italische verfahren, — wir allerdings auf kurzem und bequemem wege die doppelflexion erhalten würden

$$\gamma\rho\alpha\varphi\varepsilon\acute{\upsilon}\varsigma \quad \text{und} \quad \gamma\rho\alpha\varphi\acute{\eta}\varsigma$$
$$\gamma\rho\alpha\varphi\acute{\varepsilon}\text{ος} \qquad\qquad \gamma\rho\alpha\varphi\acute{\varepsilon}\text{ος.}$$

Aber es lässt sich nicht erweisen, dass nomina, so secundär gebildet wie diese, noch eine ablautende flexion erhalten hätten; damit fällt diese annahme.

Das ευ kann also nicht durch analogie in den nominativ gedrungen sein; es muss demnach auch im westgriechischen ηυς zu ευς geworden sein

Nun könnte man fragen, ob denn überhaupt ενς aus ηνς verkürzt sein müsse, ob nicht ενς alt sei. Woher soll aber dann die nebenform ης kommen? Nun, aus den obliquen casus βασιλῆος etc.; ein βασιλῆFος braucht man zur erklärung von βασιλής nicht. Gut; woher aber das η, wenn doch im nominativ nie ηνς gestanden und ein ablaut ηνς, εγος doch auch nicht denkbar ist? Man könnte sagen, η sei durch ersatzdehnung entstanden; die ursprüngliche flexion sei gewesen:

βασιλεύς
βασιλέγος, εFος.

Eine form βασιλῆFος ist nirgends belegt; das kyprische umschreibt man so, aber weshalb? Fleisches βασιλᾶες dagegen weist vielleicht auf βασιλῆFες hin, wenn auch nicht absolut sicher; es ist höchst wahrscheinlich, dass ηε nicht zu ᾱε geworden wäre, sondern zu η; während ηFε zu ᾱFε, ᾱε werden konnte; demnach wäre hier ein indirecter grund gegen die ersatzdehnung vorhanden, die, wenn ich mich nicht irre, noch jetzt von einigen in der deklination dieser stämme angenommen wird. So bereitwillig auch die ersatzdehnung anerkannt werden darf, wo ursprünglich doppelte liquida gestanden, so bedenklich erscheint mir diese annahme beim falle des schwundes von j und F. An sich ist zwar dieser lautprocess sehr gut denkbar; er kann so gut zu η werden, wie im altengl. ai zu â; aber es lassen sich nicht nur viele fälle auch anders erklären, sondern es giebt auch genug, die jener annahme direct widersprechen.[1]

Ich glaube nicht, dass ersatzdehnung anzunehmen ist, sondern dass das η in βασιλῆος von jeher lang war. Das ε von βασιλέος ist durch βασιλεύς hervorgerufen. Dieses ist, wenn η in βασιλῆος ursprünglich, unursprünglich, und als älteste erreichbare flexion ist demnach anzusetzen:

βασιληύς
βασιλῆFος
darauf: βασιλεύς
βασιλῆ(F)ος

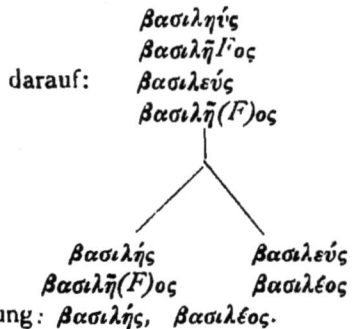

βασιλής   βασιλεύς
βασιλῆ(F)ος   βασιλέος

durch vermischung: βασιλής, βασιλέος.

---

[1] Eine reihe solcher fälle sind
κλέος, νέος, -ροος, πλους, κρέας, γλυκέος, πειθούς (όjος), βοός, ἔχεπ.

Beiläufig bemerke ich, dass die erklärung des η, die Wackernagel, K Z XXVII 86 gegeben hat, mir nicht richtig erscheint. Wackernagel muss dabei annehmen, dass $\varepsilon + \varepsilon$ (denn βασιλῆϝος soll — βασιλέjεϝος sein) in allen dialekten zu η geworden sein müsse, dass also φιλεῖτε secundäre analogiebildung sei; πόλεις aus πόλεjες übersieht er ganz. Wäre an der hypothese überhaupt etwas richtiges, dann könnte es nur das sein, dass eine contraction von $\varepsilon + \varepsilon$ zweimal eingetreten wäre, ebenso dann auch der schwund des *j*, das eine mal in βασιλέjεϝοσ, das andere mal in φιλέjετε; abgesehen von dem j- (oder besser ι̯-) schwunde in historischer zeit, wo aus ποιῶ ποῶ ward, τοιοῦτος—τοοῦτος; ein vorgang, der allen dialekten eigen ist, besonders aber dem lesbischen. Durch die schrift wird er nicht immer, ja vielleicht meist nicht ausgedrückt.

Wenn nun also aus urgriech. γραφηύς auch dorisch γραφεύς geworden ist, so kann auch *βωῦς nur zu βοῦς geworden sein; βῶς muss analogiebildung sein und zwar offenbar nach dem accusativ, wie umgekehrt jon. att. βοῦς ein βοῦν bewirkte; βούς ist zu erklären wie ποδός [1]).

Von den übrigen gem. gr. diphthongen kommen noch in betracht ωι und ᾱι in ωις und ᾱις, woraus also werden muss οις und αις. So könnte man das οις des dat. pluralis erklären, wenn man es mit indisch āis, instrum : plur. identificiren wollte, was von seiten der bedeutung keiner schwierigkeit unterliegt. Mahlow hat, indem er āis = ais setzte und dies auf idg. ōi^As (ōias bei ihm) zurückführte, diese endung mit den adverbien auf ως identificirt, āis = ως. Das ist lautlich sehr gut möglich; ebensowohl kann aber āis = οις gesetzt werden; dann allerdings ist es von ως zu trennen. So viel ist jedenfalls sicher, das οις eine von οισι ganz unabhängige casusbildung ist. οισι ist = skt. eṣu, natürlich abgesehen von der differenz des i und u. [2])

---

[1]) Abweichend von dieser darstellung ist diejenige von Bartholomae, „Arische forschungen" I 25 ff. B. nimmt in den diphthongstämmen wie βοῦς = skt. gāus eine dreifache stammabstufung an; idg. gōv - gev - gu, nicht nur zweifache; idg. gōv - gu. Ich kann diese principienfrage hier, nicht erörtern, glaube aber, dass wir behufs der erklärung von βασιλεύς u. s. w. die annahme einer lautgesetzlichen verkürzung nicht umgehen können. Die frage, ob in idg. gōus eine dreifache stammabstufung von anfang an vorgelegen habe, was ja immerhin nicht ausgeschlossen ist, hängt vielleicht damit zusammen, ob wir die dreifache abstufung in skt. rāg·ānam - rāg·ani - rāg·n·as als etwas von allem anfang an vorhandenes annehmen wollen oder uns dafür entscheiden, dass es im idg. zwei typen der abstufung gegeben habe: 1. rāg·ā, rāg·n·as, rāg·n·i,
  2. ātmā, ātmanas, ātmani,
deren vermischung erst das gewöhnliche rāg·ani ergab.

[2]) i und u im locativ-suffix sind überhaupt wohl ganz zu trennen; es sind sicher verschiedene suffixe.

ἇις findet sich im dat. plur. der ᾱ-stämme, ist dort aber nicht ursprünglich; dies ist vielmehr ᾱσι; dies (und ῃσι, wo es lautgesetzlich stehen muss) findet sich auf attischen denkmälern alter zeit; später einzeln in isolirten casus wie Ἀθήνησιν. Ferner findet sich ᾳσι, ῃσι, ῃς (bei Homer), αισι und αις. Das verwirrte verhältniss dieser formen hat Osthoff morph. unters. II, p. 64—76 klar zu legen versucht. Ich stimme ihn im ganzen bei, doch meine ich, dass er sich die sache unnöthig erschwert hat, indem er die existenz von οισι im masc. als einer ursprünglichen form verwirft. Dann ferner soll im lesbischen, als welches *τᾱσι oder *ταῖσι nicht mehr besessen habe — um darnach τοῖς in τοῖσι zu ändern — τοῖσι nach analogie der consonantischen declination gebildet sein; das jon. τοῖσι sei nach τῇσι gebildet. Warum beides auseinanderreissen? Warum muss οισι eine neubildung sein, da doch das σι der consonantischen flexion alt ist, das auch σ neben sich hat (in isolirten casus wie ἀγκάς)? Ferner führt Osthoff ταῖς mit kurzem α direct auf τοῖς zurück, ohne weiteres die kürze von τοῖς in das system mit langem α übertragend; ein verfahren, das von Mahlow (a. a. O. p. 53) mit recht nicht acceptirt wird. Mir scheint die sache so zu liegen:

Von anfang an stehen nebeneinander die formen:

1. ᾱσι, οισί und οις. ᾱσι(ῃσι) wird zu ᾱισι, vielleicht ebenso sehr unter dem einfluss des nominativs ᾱι (denn so ist ursprünglich anzusetzen; auch wenn man lat. ae, das im auslaut nur = ᾱι sein kann (Mahlow a. a. O.) bei seite lässt; αι kann erst später von αις aus übertragen worden sein), als der formen des masculinums. Wir haben nun also:

2. ᾱισι (ᾳσι, ῃσι) οἶσι, οις. Es lag nun nahe diese doppelheit von οισι οις auch in das femininum zu übertragen: gewissermassen das fehlende glied zu finden: in dem reguladetri-ansatze:

$$οισι : οισ = ᾱισι : x.$$

Dies x ist ᾱις; also ergiebt sich

3. ᾱισι, und αις, οισι und οις. An dieser stelle ist nun das Mahlowische gesetz eingetreten; τᾱις ward lautgesetzlich zu ταις (Mahlow, a. a. O. p. 53). Es geschah dies alles also noch vor dem ostgriechischen übergang von ᾱ in η.

Also ergiebt sich folgende reihe:

ᾱσι (ῃσι), ᾱισι (ῃισι), αις.

Das alte ᾱις ist lautgesetzlich beseitigt. Aber nun bewirken die formen ᾱισι, ῃσι einerseits, αις andererseits zwei arten von contaminationsbildungen. Es wird nämlich 1. die länge des ᾱ von ᾱισι auf αις übertragen, daher ᾱις; beide werden dann zu ῃσι und ῃς. Sodann

wird 2. das auslautende ι von ᾱσι auf αις übertragen oder das kurze α von αις wird auf ᾱισι (ησι) übertragen und es entsteht αισι. Wir haben also folgende reihe nach dem alter der formen:
1. ᾱσι, 2. ᾱισι, 3. αις (aus ᾱις), 4. ᾱις, 5. jon. ηις und αισι.

Dieses α von αις ist dann auch in den nominativ eingedrungen. Urspr.¹) ηις sollte begegnen in der zweiten person sing. conjunctivi activi, die aber natürlich nicht zu belegen ist. Ob diese verhältnissmässig spät entstandene form überhaupt noch in die zeit hineinfiel, in der jenes gem. griech. lautgesetz wirkend war, ist fraglich. Dass in anderen, schriftlich ausgebildeten, also stärker vertretenen mundarten wirklich ηις begegnet, statt des dann zu erwartenden εις, kann nichts besagen, da ηις ja jeder zeit nach der dritten person ηι wieder hergestellt werden konnte. Sollte ein zufall diese noch in arkad. kypr. denkmälern vor augen führen, so würde ηις beweisen, dass die form ηι, nach welcher ηις, wenn es jenem gesetz je unterlegen, wieder hergestellt worden sein muss, zur zeit, wo die wiederherstellung geschehen, ihr ι nach η noch nicht eingebüsst hat; ²) sollte sie ης lauten, so wäre dies analogiebildung nach dem späteren η der dritten person; εις dagegen wäre die lautgesetzliche entwickelung aus ηις.

e. Ersatzdehnung.

Unter „ersatzdehnung" verstehen wir einen lautprocess, durch den irgend ein sonant sich einem vocal assimilirt hat, so dass für vocal und sonant nunmehr die länge des vocals erscheint.

Der ausdruck ist nicht passend gewählt, da er den sprechenden gewissermassen den zweck zuschiebt, den geschwundenen oder schwindenden sonanten nicht ohne verlust an zeitdauer, wie sie das wort vor dem schwunde hatte, fallen zu lassen.

Man hat eine doppelte ersatzdehnung angenommen, die eine da, wo ursprünglich υ oder ι (j oder F) zwischen zwei vocalen gestanden hat. Sie hat, wie ich schon oben bemerkte, eine ziemlich problematische existenz; ist sie aber wirklich anzuerkennen, so muss sie, da als dehnungsproduct von ε in allen dialekten η erscheint (z. b. in βασιλῆος jon., woraus βασιλέως; wenn man dies so erklären will, ³) gem. griechisch sein und gehört in eine allgemeine griechische grammatik.

---

[1] »Ursprünglich« natürlich nur im sehr relativen sinne.

[2] Der übergang von ηις zu εις, falls es je ein so altes ηις gegeben ist als gem. griech. natürlich älter als der von ηι zu η, welcher erst dem arkad., kypr. einzeldialekte angehört.

[3] βασιλῆος ist indess, wie ich oben p. 29 schon bemerkt habe, nicht aus ersatzdehnung entstanden; und zwar würde ich dies für diese form jedenfalls annehmen;

Sicher aber ist die andere art von ersatzdehnung, welche stattfand, wo gedehnte liquida stand. Dieselbe ist meist (nicht immer) gem. griech. entstanden aus der verbindung einer unter ihnen mit einer andern (z. b. λ + ν giebt λλ) oder mit folgendem j (ι) oder F (υ) oder mit vorhergehendem σ, jedoch nie mit secundärem; vgl. ἴσμεν (ältere form für οἴδαμεν) und ὀσμή. Einzelne dieser lautgruppen erhalten sich unter gewissen umständen und werden dann später anders behandelt. Z. b. φαίνω, dorisch φθαίρω, Ahrens II p. 186, aber wohl nicht κτείνω und sicher nicht κρίνω, das vielmehr = *κέρνω ist,[1]) vgl. G. Meyer, § 31. Ebenso ρσ im jonischen und altattischen; ρρ im neuattischen.

Die ersatzdehnung ist in allen dialekten eingetreten mit ausnahme des lesbischen und des nordthessalischen. Im attischen ist oft einfache kürzung des sonanten eingetreten, daneben aber auch die dehnung; eine bestimmung, wann eines von beiden eintreten musste, ist schwer zu finden.

Das produkt der dehnung von ε und ο scheidet die griechischen dialekte in zwei gruppen: die eine hat η und ω, die andere ει und ου (monophthongische ει und ου).

Zur letzteren gehören: ein theil der dorischen dialekte (die sogenannten milddorischen) und die ostgriechischen; zu jener alle andern dorischen (die strengdorischen) sowie alle andern nicht dorischen und nicht lesbisch-thessalischen dialekte. Auch das boiotische gehört dazu, obgleich dieses ει hat; denn dies ει ist erst aus η entstanden, wie auch η = idg ē zu ει geworden ist (dieses auch im nordthessalischen, jenes ist dort natürlich unbekannt); ο ist im boiotischen zu ω geworden und geblieben.

Zu bemerken ist, dass λλ in allen dialekten vielfach erhalten geblieben ist; ja wohl in der mehrzahl der fälle. Attisch ist es auch wie andere gedehnte liquida gekürzt worden; hier wie in allen dialekten hat es auch ersatzdehnung bewirkt.

---

wenn mir auch sonst andere fälle dieses lautprocesses ganz glaublich erscheinen möchten. Solche fälle, in denen εj, οj zu η, ω und gleichfalls εϝ οϝ, zu η, ω geworden sein sollen vor vocal oder consonant, führt Brugman auf in seiner abhandlung »de productione suppletoria« Stud. IV. für οϝ, p. 152—164 für εϝ p 164—169; für εj p. 179—181, für οj nur wenig beispiele p. 181 n. In allen fällen steht η, ω (ausgenommen solche wie kypr. ἐροῦϝα, das aber nicht gegen die formen der andern dialekte spricht, sondern specialentwicklung erfahren haben muss). Dass der lautwandel übrigens gem. griech. gewesen sein muss, zeigt vielleicht auch noch ein anderer beweis; nämlich ἠώς, wenn es mit recht aus αὔως erklärt wird. Die ersatzdehnung müsste also auch vor dem übergang von ᾱ in η entstanden sein.

[1]) Anders Osthoff, morphol. unters. IV, p. 2; jedoch schwerlich richtig.

Da das arkad. ἄλλος, das kypr. αἶλος hat, so ist wohl anzunehmen dass die lautgruppe λj im arkad. kypr. wenigstens in gewissen fä erhalten geblieben ist, wofern man nicht in αἶλος eine secundäre wicklung des kyprischen sehen will (so dass λλ geworden wäre zu laut in franz. bataille oder zu dem in ital. battaglia).

Belege für die ersatzdehnung im arkadischen sind mir nicht begegnet; ich führe an φϑήρων (B. T., 17), ἐγκεχηρήκοι von ἐγχήρημι att. ἐγχειρέω (B. T. 12), ἦναι (B. T. 10). Auffällig ist das ει von εἰρή εἰράνα (woraus arkad. ἰράνα, s. oben) auch in streng dorischen dialekt Man sollte vielmehr *ἠρήνα resp. ἠράνα (aus *ἐϝρ-) erwarten. ἰρήνα Cauer n. 42, 9; 68 und εἰράνα, ib. 43, 198 (beide aus Kreta).

Es sind noch einige fälle anzuführen, in denen scheinbar ke ersatzdehnung stattgefunden hat (sondern einfacher schwund der liquid Hierher gehört:

1. βολόμενον B. T. 24, dem sich anschliesst σίβόλε· τι ϑέλεις. Κύπρ. Alle andern dialekte weisen auf die doppelte liquida hin o haben sie, attisch βούλομαι, lokrisch δείλομαι, boiot. βείλομη, nordth βέλλειτει. Als praesens suffix nimmt man νο oder jo an. Ich ha arkad. βόλομαι für eine davon verschiedene praesensbildung „suffix o", es entspricht genau altind. guráte. (So Brugman bei Saussu mémoire, p. 265). Auch G. Meyer § 290 erklärt βόλομαι für eine and praesensbildung, stellt es aber § 242 noch zum german. wellen. F Btr. VI, 211 ff. leitet βόλομαι aus dem alten perfect *βέβολα her (älteres *δέβολα), verwirft aber die zusammenstellung mit gurate lat. gratus wegen des r, obgleich über das verhältniss des r und l n viel zu viel dunkel herrscht, als dass man daraus folgerungen zie dürfte. Fick stellt das wort zu lat. valere; übrigens liesse sich d auch dieses wohl mit skt. gurate verbinden. Die verschiedene wickelung des g in valeo und gratus darf uns daran nicht hinde

Auch hier zeigt sich wieder das ablautsverhältniss von δελ. βάλλω; die am meisten lautgesetzliche form ist lokr. δείλομαι; atti βούλομαι hat regelrecht β vor ου; der accent nimmt immer im verb finitum die stellung der starken formen ein. Uebrigens kann n überhaupt stets oder fast stets nur eine relative lautgesetzlichk annehmen; bei den zahllosen ausgleichungen, deren masse jedes n lautgesetz erheblich vermehrt, kann die zahl der absolut lautgesetzlich formen nur eine ungemein geringe und winzige sein.

2. Anstoss giebt auch der stamm ξενο[1]); wir finden denselben al in fast allen westgriechischen dialekten. Der stamm ξενϝο zeigt s

---

[1]) Z. b. Milchhöfer, mitth. d. inst. IV, p. 138 Φιλόξενος und in andern nam

in korkyraeischen in *ΞενFάρεος* (Röhl 344); jonisch ξεῖνος; auch das attische ξένος kann ξένFος sein; *ΞενFοκλῆς*, Röhl n. 40. Ebenso: lesbisch ξέννος, korinthisch *ΞένFων*; boiot. ξείνοισι. Dagegen habe ich in keinem dialekt der doris mitior ein *ξεῖνος, in keinem der severior *ξῆνος gefunden; auch die inschrift von Larissa hat nur *Ξένουν, Πολύξενος* u. s. w. Diese übereinstimmung ist zu auffallend, als dass ich glauben könnte, die einzelnen dialekte hätten unabhängig von einander das *νν* verkürzt. Man könnte an eine unter gewissen umständen eingetretene, von einigen dialekten verallgemeinerte gem. griech. reduction von *νν* zu *ν* denken; aber gem. griech. war ξένFος wie *ΞενFάρης* u. s. w. ergiebt; *νF* wird aber nicht ohne weiteres zu *ν* geworden sein. Ich glaube daher, dass neben dem stamme ξενFο ein stamm ξένο bestanden habe.

Endlich wäre noch zu erwähnen das seltsame φθέραι, B. T. n. 8, um so auffälliger, weil z. 17 φθήρων steht, und weil auch im attischen, welches die gedehnte liquida oft verkürzt, dies im aorist der verba mit wurzelauslautender liquida nie geschieht. Gustav Meyer (§ 290) will φθέραι für einen fehler halten, und etwas anderes wird auch schwerlich übrig bleiben.[1])

f. Contraction.

Allgemeines.

Die contraction zweier vocale, zwischen denen in gem. griech. zeit ein j (i) oder σ, in den einzeldialekten ein F geschwunden ist, sind meist (die letzteren natürlich alle) erst in der zeit der einzelnen dialekte vollzogen worden; allerdings so, dass eine reihe von dialekten stets hand in hand gehen. Man kann nach der contractionsweise zwei gruppirungen der griech. dialekte annehmen:

I. 1. Die, welche ε + ε, ο + ο zu η und ω contrahiren.
2. Die, welche ε + ε, ο + ο zu ει und ου contrahiren.

II. 1. Die, welche a-laut + o-laut unter allen umständen, wenn sie überhaupt contrahiren, in ω contrahiren.
2. Die, welche meist hierbei den a-laut praevaliren lassen, im einzelnen jedoch bestimmte gesetze gelten lassen.

---

[1]) Ob aus dem namen *Μελιγίωι* bei Le Bas n. 337 kürzung der liquida gefolgert werden dürfe, scheint mir noch zweifelhaft. Die inschrift ist überhaupt nicht arkadisch, wie schon der dativ auf ωι beweist; ob der wurzelhafte theil des namens dialektgemäss sei, ist mindestens sehr zweifelhaft. Dem arkadischen dialekt ist die inschrift zugetheilt worden von Wilamowitz, zeitschrift für das gymnasialwesen, XXXI, p. 648.

Ehe ich die einzelnen contractionen bespreche, muss ich zwei allgemeine regeln anführen, die zwar beide nicht speciell arkadisch, aber doch für das verständniss dieses dialektes nothwendig sind.

Es ist nicht leicht zu sagen, unter welchen bedingungen in griech. dialekten eine contraction eintreten muss. Wir haben z. b. nebeneinander das wort λαός (att. λεώς) in allen dialekten uncontrahirt, dagegen aber λᾱ in Λασθένης und ähnlichen compositis Λᾱσθένης könnte allerdings das ο eingebüsst haben nach einem griechischen compositionsgesetz, das auch in verwandten sprachen begegnet (s. unten); aber dies trifft nicht zu für dorisch Μενέλᾱς und ähnliche formen, vgl. Foucart bei Le Bas 338 b B 10 . . . . . λας, ohne zweifel der rest eines solchen namens und Le Bas 338 c B 10, Ἀριστόλαν, das deshalb sehr interessant ist, weil es zeigt, wie ein solcher nominativ als der eines ᾱ-stammes gefasst werden und wie dann demgemäss declinirt werden konnte. Die regelrechte form des genitivs wäre Ἀριστολάω, was nicht weiter contrahirt werden würde (s. unten). In allen dialekten steht βοά (βοή), dagegen haben wir lesbisch βᾱθόεντι, ἐβᾱθόη[1]); Βοηθέω scheint erst nach βοή neugebildet worden zu sein; regelrecht wäre jon. att. βωθέω und in der that findet sich dies im jonischen.

Es scheint demnach so zu sein, als wenn in ursprünglich zweisylbigen worten keine contraction eingetreten wäre, wohl aber, wenn diese theile eines compositums wurden, in welchem falle aber die uncontrahirte form vom simplex her immer leicht wieder eindringen konnte, vgl. Περίλαος Le Bas 338 b C 3. In der that ist eine ganze reihe von zweisylbigen worten vorhanden, die in allen oder einzelnen dialekten uncontrahirt geblieben sind. Z. b. attisch ῥέω, θέω u. s. w.; dagegen φιλῶ, weil ursprünglich dreisylbig; doch kann die art des spiranten die ursache des unterschiedes gewesen sein.[2]) Ebenso ῥέομεν (nach analogie von ῥέω?), obgleich dreisylbig; dagegen ῥεῖ aus ῥέει; hier kann die gleichheit der vocale (s. unten) grund der contraction sein. Man vergleiche κρέας, κρέος u. s. w.; in diesen ist freilich Ϝ (u) verloren gegangen, was erst spät geschah; aber wir haben auch πέος aus *πέσος; θεός aus *θεσός (vgl. θέσ-φατος). ναός wird in keinem dialekte contrahirt, aber dem attischen ἕως entspricht dorisch ᾱ̔ς. Attisch haben wir νοῦς. Der plural von βοῦς lautet βόες.

Es kann keinem zweifel unterliegen, dass der unterschied von λαός und Μενέλας einem bestimmten gesetze unterliegen müsse. Es ist mir aber unmöglich das gesetz zu entdecken. Bald scheint die

---

[1]) ἐβᾱθόεντι Cauer 121 a 21, ἐβᾱθόη Conze, XII a 27 c 2 (nach G. Meyer § 138).
[2]) ῥέω aus *ῥέϝω, φιλέω aus φιλέjω.

homogenität der vocale resp. nicht-homogenität zu bestimmen, bald der accent *(ναός—ᾶς)*; vielleicht könnten noch andere gründe gefunden werden.

Ein zweites, worüber ich noch zu reden habe, ist die behandlung von drei zusammentreffenden vocalen. Es finden sich dgl. fälle z. b. in *ῥοᾶν* aus *ῥοάων (ἀπορόᾶν* Herakl tab. I (Cauer 8, 22), in arkad. *Ἀγησινόω* Le Bas 352 p. 17; in der urgriech. form der genitive *κλέϝεος* *Ἡρακλέϝεος*, woraus *Ἡρακλέεος*.

Es scheint nun hier folgendes zu gelten:

a) Von drei nebeneinanderstehenden vocalen werden die beiden letzten contrahirt, wenn sie in dem betreffenden dialekte contractionsfähig sind

der erste mit dem kontractionsprodukt der beiden zweiten nur im attischen, wie es scheint, und zwar nur, wenn beide homogen sind.

    arkad.   *Ἀγησινοο-ο—Ἀγησινόω*, welches bleibt.
    attisch.   *εὐνοο-ο—εὐνό ου—εὖνον* mit dem accent des nominativs; contrahirt, weil *ο* und *ου* gleiche vocalfarbe haben; denn *ου* ist ja die länge von *ο*.

Aber attisch: *Ἡρακλέεος-κλέους*, bleibt; *ε* und *ου* sind nicht homogen. *Ἡρακλέᾶ* ist unregelmässig, da aus *εα η* wird[1]); wahrscheinlich nach *βασιλέα* gebildet: *βασιλεῖ : Ἡρακλεῖ = βασιλέα : Ἡρακλέα* *Ἡρακλέε-ι-κλέει, -κλεῖ*.

Hier ist zwar *ει* nicht *ε* homogen; denn es ist ja der diphthong, nicht *ē*; aber *ε* ist homogen dem ersten bestandtheile von *ει*.

Von *ῥοή* würde *ῥοῶν* kommen, — ich weiss nicht, ob das wort existirt —, wofür aber nicht *ῥῶν* gefunden werden würde; denn wenn auch die contraction von *ο + ω* eingetreten wäre — sie muss es nicht, denn *ο* und *ω* sind der färbung nach nicht gleichwerthig; von der zweisylbigkeit kann kein hinderniss kommen, da diese ja nicht ursprünglich ist —, so würde doch die analogie der andern casus ein solches *ῥῶν* sofort wieder verbannt haben.

b) Sind dagegen die beiden letzten vocale nicht contractionsfähig, so fällt der erste fort. Z. b.: Le Bas 336c B 4. *Χαρ[ι]κλέος* aus — *κλέεος*, so auch in andern dialekten, *εο* bleibt und das erste *ε* schwindet.

Für das attische kommt dieser fall vielleicht garnicht in betracht, da dort fast jeder vocal mit jedem contrahirt werden kann; mir ist kein beispiel gegenwärtig.

---

[1]) *Ἡρακλεε-α, κλέη (-κλῆ?)* wäre die lautgesetzliche formenfolge.

Wenn dies gesetz richtig vermuthet ist — die zahl der formkategorien, die hierher gehören, ist naturgemäss sehr klein —, so erhellt auch, wie der genitiv von λαός lautgesetzlich heissen muss, nämlich: λᾱό‿ο, λη‿ό‿ο; λεῶ·ο, λεώ, mit unregelmässigem accent[1]).

Das attische kann die form λεώ nur so aus λαό-ο ableiten, dass zunächst ᾱο lautgesetzlich zu ηο, εω wird, und ω mit ο contrahirt wird, (Hieraus geht übrigens hervor, dass ω + ο contrahirt werden nach einem vocal, obgleich sie nicht völlig homogen sind. Vgl. das oben zu ῥοῶν von ῥοή bemerkte).

Es muss also die metathesis quantitatis das attischen älter sein, als die contraction von ο + ο; denn sonst wäre aus λᾱόο *ληοῦ geworden, woraus keine macht der welt ein λεώ hätte zu stande bringen können. Wer daher jener relativen lautgesetzchronologie entgehen wollte mit allen ihren möglichen consequenzen, müsste λεώ als eine analogiebildung auffassen.

Die einzelnen vocalgruppen.

1) $\alpha + \alpha$ ($\alpha + \alpha$, $\alpha + \bar{\alpha}$, $\bar{\alpha} + \alpha$, $\bar{\alpha} + \bar{\alpha}$).

Ein beispiel dieser contraction bietet γᾶ aus γαῖα; (Le Bas 340 c γαῦ); kyprisch ζᾶ. Doch scheint diese contraction mindestens vorarkadisch zu sein, wenn nicht gem. griech; gegen letzteres sprechen vielleicht die jon. formen ἀπιστέατο u. s. w., wenn sie von Merzdorf (s. G. Meyer § 124) richtig aufgefasst sind.

Jedenfalls aber ist die contraction älter, als der übergang von ᾱ in η, da attisch γῆ erscheint, welches allerdings Curtius, grdz. 4 p. 176, aus *γεα ableiten will. Was μνᾶ betrifft, so ist dies sicher fremdwort; eine contraction erscheint aber vielleicht nicht ausgeschlossen, wenn man an jonisch μνέα denkt, dass genau dem vorerwähnten ἐδυνέατο, ἀπιστέαται gleicht.

Für eine erst speciell arkadische contraction im eigentlichen oder engern sinne ist mir kein beispiel bekannt. Da aber die contractionen des gemein-griechischen oder sonst einer dialektgruppe (also hier des westgriech.) von denen der einzeldialekte sich nicht immer genau scheiden lassen, so habe ich diese worte, von denen wenigstens γᾶ belegt ist, hier aufgenommen. μνᾶ findet sich (als plur. μναῖ) auf Le Bas

---

[1]) Formen auf ωο sind noch vorhanden; theils sollen sie zurückgezogenen accent gehabt haben (Vgl. G. Meyer § 342, der auch Πηνελέωο schreibt). Seine auffassung ist dieselbe wie hier; nur setzt er älteres λᾱοῖο an. Ich glaube indess, dass die endungen ο, ιο (in ο-ο, ω, ου und in οιο) zu trennen seien. ο-ιο ist = Skt. a-sja; ο-ο kann auf ojo (Mahlow, a. a. O. p. 165) oder auf oso (II. Möller, P. B. Btr. VII p. 500 a 2) zurückgehen.

341 c; leider mit ziffern ausgedrückt. Dagegen kann als arkadisch wohl herangezogen werden die κρᾶσις von καί und ἄν zu κἄν. B. T. öfter[1]).

2. α + ε. ū + ε, α + η, ᾱ + η.

Mir ist für diese vocalgruppen kein beispiel bekannt, woraus zu schliessen wäre, wie sie im arkadischen behandelt seien. Da aber die dialekte, welche α + ο gleich behandeln, dies auch mit α + ε thun, in jenem falle aber das arkadische mit den dorischen dialekten geht, so werden wir auch hier für das arkadische die dorische contraction anzunehmen zu haben. Die dorische regel lautet: α + ε, η wird η; ᾱ + ε wird ᾱ, für ᾱ + η scheint kein beispiel bekannt zu sein. Vgl. G. Meyer, § 129.

Als beispiele für die contraction von α + η darf man jedenfalls nicht heranziehen die conjunctive δέᾱτοι, ἐπισυνίστᾱτοι, vgl. B. T. 10, 15, 18, 48. Sie sind nicht aus *δεάετοι[2]) oder *δεάητοι entstanden, sondern anders zu erklären.

Aehnliche formen sind von Bergk („Commentatio etc." p. XV) und Curtius („Das verbum" II[2], p. 66) aufgeführt worden; mit den obigen sind es diese: (vgl. auch G. Meyer, § 582).

1. δέᾱτοι; B. T. z. 10, 18, 48,
2. ἐπισυνιστᾶτοι, ib. z. 15,
3. δίνᾱμαι, inschrift v. Dreros z. 41[3]),
4. ἔρᾱται; Pindar Pyth. IV, 92,
5. καθιστᾶται; C. J. 2671, z. 42,
6. παρίστᾱται Cauer, n. 13, 72,
7. προτίθηντι ib. z. 89,
8. κατασκευάσθηντι ib. z. 93,
9. προγράφηντι ib. z. 162,
10. ἦνται ib. z. 85. Sauppe ἦνται.
11. ζώννυνται; Odyssee, ω 83,
12. ῥήγνυνται; Hes. scut. 377,
13. ῥήγνυται, Hipponax, fragm. 19, 4.

Das von Curtius noch angeführte ἴσαντι ist zweifelhaft; vielleicht auch παρίσταται; vgl. G. Meyer a. a. O.

---

[1]) Die κρᾶσις ist natürlich nichts weiter als eine contraction von vocalen, die nicht demselben, sondern zwei worten angehören. Da sie aber nicht in allen fällen mit der contraction im wortinnern übereinstimmt, vgl. z. b. in attisch ἀνήρ, θάτερον ο + α = ᾱ), so mag man den terminus gerne beibehalten.

[2]) Der lange vocal ist bekanntlich ursprünglich nur den thematischen verben eigen; den unthematischen nicht. Vgl. ἴομεν u. s. w. bei Homer.

[3]) Vgl. Gött. nachr. v. 1855, p. 104 (nach Curtius a. a. O).

Curtius, a. a. O., hat versucht, mit contractionen zu operiren, giebt aber zu, dass dabei theilweise gegen die lautgesetze verstossen werde [1], auch giebt er die erklärung von προτίθηντι u. s. w. ganz auf.
Auch G. Meyer a. a. O. giebt einen erklärungsversuch. Da nämlich ja das verhältniss

φέρομεν φέρετε φέρωμεν φέρητε

bestanden habe, so habe man die verlängerung des praesensstammauslautes als das eigentliche kennzeichen des conjunctivs aufgefasst. Deshalb sei denn auch bei den verbis auf μι eine verlängerung desselben eingetreten, wo der auslautende vocal nicht schon an sich lang war.

Diese erklärung übersieht eines, dass nämlich in den formen des conjunctivs unthematischer verba, deren wurzel oder praesenssuffix [2]) auf vocale auslautet, diese vocale schon in idg. zeit mit dem conjunctivzeichen verschmelzen muss, was hinsichtlich des φέρωμεν, φέρητε der verfasser (§ 579) selbst zugiebt. Also formen wie στήομεν u. s. w. können nur neubildungen sein, da ein *stāome(n) gar nicht mehr in die griechische sprache hineingelangen konnte; es musste schon idg. stāme entstehen; urgriech στᾶμε(ν) (-μες); ion. *στῆμεν. Also bedürfen δέατοι u. s. w. keiner erklärungen durch den einfluss der analogie; vielmehr sind dies die ursprünglichen formen.

Dies ist die erklärung, welche Osthoff, „Morphol. unters." II, p. 115 gegeben hat. Sie passt jedenfalls für die formen mit ᾱ, wie δέατοι und η, wie προτίθηντι; ob auch für die mit ῡ, darüber hat sich der verfasser nicht geäussert [3]). Diese würden sich indess leicht als analogiebildungen nach jenen erklären lassen.

Ist nun Cauer n. 13, z. 85 ἤνται zu lesen, so beruhte dies auf vorgriech contraction von je-je-e-ntai. Liest man aber ἥνται, so wäre dies eine secundäre analogiebildung zu dorisch ἐντί; nämlich:
ἐ-ντί zu ἥ-νται (accent?) = προτίθε-ντι zu προτίθη-νται.
Doch ist das medium sehr anstössig.

Diese erklärung könnte nun auch für φέρωμεν, φέρητε gelten; Osthoff benutzt sie aber nicht, indem er diese formen als nach analogie des indicativischen vocalismus für älteres *φέρᾱμεν, *φέρᾱτε eingetreten

---
[1]) ἀργᾶντι, das C. citirt, bildet keine ausnahme des dorischen contractionsgesetzes, sondern unterliegt den bestimmungen über die contractionen von α + ι, η; G. Meyer, § 129. Was νικᾶν u. s. w. bei Pindar betrifft, so brauchen das keine dorismen zu sein, sondern können dem epischen dialekte angehören.

[2]) Z. b. suffix νυ; die damit gebildeten verba gelten ja auch als „unthematisch".

[3]) Es wäre wenigstens denkbar, das ν oder besser idg. u vor vocal nicht mit diesem verschmolz, sondern consonantische function annehmen musste.

ansicht, dem lateinischen feramus, feratis zu lieb; eine übrigens weiter verbreitete ansicht. Osthoff trennt aber den conjunctiv der verba auf μι von dem der verba auf ō im italischen und griechischen.

Als charakter des letzteren betrachtet er ā, worin nicht etwa der thematische vocal enthalten sei; er theilt vielmehr bher-ä. Für die andere bildung nimmt er dagegen o und e als zeichen des conjunctivs an (offenbar wegen ἴομεν). Ich halte es indess für wohl möglich, den conjunctiv der thematischen verba des griechischen und des italischen wie denjenigen der unthematischen verba auf ein und dasselbe bildungsprincip zurückzuführen, kann aber an dieser stelle nicht weiter darauf eingehen. Jedenfalls würde die erklärung der obenerwähnten formen als der ursprünglichen dadurch keine beeinträchtigung erfahren.

3. ε + α, η + α, ε + ᾱ, η + ᾱ.

ε + α, ᾱ wird dorisch, wenn es contrahirt wird, zu η; im arkadischen bleibt es, soweit es vorkommt, stets uncontrahirt, z. b. δέατοι B. T. 10, 18, 48. Weniger beweisen wohl namen auf έας: Λαμέας, Ἀρχέας u. s. w.; da hier εα aus solchen casus wiederhergestellt werden kann, wo nie contraction stattfinden konnte, z. b. Λαμέαν, das nicht weiter contrahirt werden konnte, wenn das oben vermuthete dreivocalgesetz richtig ist. Uebrigens scheinen diese namen in allen dialekten die uncontrahirte form zu behalten.

ε + α findet sich in Ἐτέαρχος uncontrahirt, aus* Ἐτέϝαρχος (Le Bas 338 c C 11).

4. α + ο, ᾱ + ο, α + ω, ᾱ + ω.

Dies sind diejenigen gruppen, die am besten belegt sind.

α + ο wird in allen westgriech. dialekten zu ᾱ. Hiervon giebt es jedoch eine bestimmte ausnahme, wie ich glaube: wenn nämlich auf α + ο nasal + consonant folgte, entstand nicht ᾱ, sondern ω. Ich stelle kurz zusammen, was ich an belegen habe auftreiben können.

Es kommen in betracht die namen auf φών, φῶντος, wie Ξενοφῶν u. s. w. aus: φάων, φάοντος. Hier beweist nun freilich der nominativ nichts; denn wir haben ja nur nasal hinter α + ω,[1]) nicht nasal + consonant; wohl aber die andern casus, die man doch nicht ohne weiteres aus der analogie des nominativs erklären wird. Besonders aber sind zu berücksichtigen die formen des part. act. praes. der abgeleiteten verba erster klasse (άω), die leider dem arkad. abgehen, da die verba der abgeleiteten klasse denen der ersten hauptconjugation analog flectirt werden; sodann die dritte pers. plur. ind. act. et med. praes. (άοντι, άονται) und med. praet. (άοντο), die aus dem erwähnten

---

[1]) Auch wird α + ω in allen dialekten zu ω.

grunde dem arkad. fehlen. Indess vorkommenden falles dürften wir auch hier die dorische contraction vermuthen.

Beispiele aus dem conjunctiv wie ἀποστᾶντι auf einer inschrift wie Dreros in Kreta lasse ich beiseite und betrachte sie nicht als widersprechend, da sie eine ganz andere erklärung als aus αοντι oder αωντι zulassen.[1]) Ob überhaupt auch für $\bar{α} + ω$ das gesetz gelte, muss ich ganz dahingestellt sein lassen.

Ausser den anzuführenden sind mir keine widersprechenden beispiele bekannt.

Ἱμεροφῶντος, Cauer 67 III, 25 (Thera)
ζώντας (acc. plur. mit dor. betonung) C. 71, 10 (Rhodus)
ζῶντι (dat. sing. part.) ib. z. 35.
συλῶντα, Röhl 322, 3 (Lokris).
νικῶντι, Röhl 515, 1 (Selinus) (3. plur.)
ἐνηβώαις Damononsäule, aus ἐνηβαόντμαις.

In n. 515 ergänzt Röhl in z. 2 νικ[ῶ]μες. Ich weiss nicht, ob etwaige reste von ω ihn dazu zwingen. Ist meine vermuthung richtig, so würde νικᾶμες sehr wohl neben νικῶντι bestehen können; doch findet sich ein ῶμες öfter auf dorischen inschriften; entweder ist dies dann dialektfehler oder nach analogie der ersten sing., dritten plur. gebildet.

G. Meyer § 130 erwähnt γελᾶντι, Theokrit 1, 90
φυσᾶντες, Acharner 868
aber ἐῶντι Lysistrata 1005, allerdings ἐνίκων 1253.
Corp. inscr 2527 νικῶντα
Orchomenos I bei Decharme, recueil, 1, 2, 3. σουλῶντες.

G. Meyer sieht in ω überall etwas jüngeres. Es ist aber bemerkenswerth, dass die obigen inschriften ω haben; die beiden zuletzt genannten kann ich nicht verwerthen, da ich ihr alter nicht kenne; die litteraturwerke, deren dialekt unzuverlässig ist, bieten auch α; γελᾶντι kann aber ein hyperdorismus sein, wie ἐφάβοι; ebenso φυσᾶντες. ἐῶντι kann theilweise attisirt sein; wie ἐνίκων sicher, da aus ἐνικάον doch wohl nur ἐνικᾶν werden konnte.[2])

Aus dorisch τῶνδρες könnte man dasselbe specialgesetz auch für die contraction von ο + α folgern; aber τῶνδρες kann, da es krasis

---

[1]) Vgl. oben p. 39 ff.
[2]) Dass *ἐνικάοντ oder *ἐνικάονν bereits contraction erlitten habe, ist unwahrscheinlich; so alt ist die contraction schwerlich. — ἐνικῶν, wenn man es fände, könnte jedoch nach ἐνικῶντο, νικῶντι, νικώντται (dor.) gebildet sein.

hat, auch getrennt werden von der eigentlichen contraction (s. oben p. 39 anm. 1).

Selbst wenn anderswo formen sich finden sollten mit $\bar{α}$, so möchte ich dies als analogiebildung bezeichnen, (die dritte plur. nach der ersten plur. ἄμες aus ἀομες); dass umgekehrt die dritte plur. wenn sie ω hat, wie in den angeführten formen, direct von der ersten sing. beeinflusst worden sei, ist mir nicht recht denkbar; vollends aber ist bei der participialbildung dergleichen ausgeschlossen; unmöglich kann man hier alle ω, sogar das von ἐνήβώαις oder älter *ἐνήβώντιαις, einzig und allein auf den nom. sing. masc. zurückführen.[1])

Ein $\bar{α}$ aus $α + ο$ liegt vor im namen:
[Σ]ακλῆς, Le Bas 352 p 16; cb. 338 a, 7. (Σακλέος) In Σωκρέτης, cb. 338bc 1, und Σώστρατος; ib. 341 g ist wo nicht aus $α + ο$ entstanden; nicht von σάος, sondern von σῶος, woher auch σῴζω. Vgl. Curtius, grdz. 4, p. 382. Grundformen scheinen σῶϝος, σάϝος zu sein, die offenbar im ablautsverhältnisse stehen. Es giebt im griech. eine doppelte behandlung der vocalisch (auf -ο) auslautenden nominalstämme im ersten bestandtheile der composita. Der vocal fällt fort oder bleibt. Diese nebenformen sind höchst praktisch so ausgeglichen worden, dass man die stämme ohne ο vor anlautendem vocal verwandte: z. b. στρατό kann werden στρατό oder στρατ. Letzteres haben wir in στρατηγός, westgriech. στραταγός (στρόταγος lesbisch); es ist zu trennen dor. στραταγοί; $\bar{α}$ kann nicht aus $α + ο$ entstanden sein (στρατο-αγοί), sonst müssten wir ostgriech. *στρατωγοί haben. στρατό dagegen sehen wir in στρατόπεδον. Ursprünglich müssen beide formen promiscue gebraucht worden sein; denn wir haben davon noch spuren, z. b. vom st: θεό aus *θεσό: θεσπέσιος, θέσφατος, gebildet zu einer zeit, wo σ noch nicht geschwunden war im st: θεσό. So erklären sich auch die boiotischen formen: Θέζοτος aus Θέσδοτος[2]) = Θιόδοτος aus Θεόδοτος; letzteres noch erhalten. Vergl. Meister Bezzenberger Btr. VI, Lebadeia, n. 7, 14, p. 3.

Auch als schon σ in der volleren form *θεσό geschwunden, begegnet parallel Θεό ein Θε in Θεδώρῳ,[3]) Meister a. a. O., Thespiae n. 30, 26 (p. 15) n. 32, 25 (p. 16).

---

[1]) Die nach Ahrens II, 196 von den grammatikern erwähnten participia wie γελᾶν, ἐλᾶν, σιγᾶν, γελᾶντι, βοᾶντι kommen natürlich den zeugnissen so alter inschriften wie der Damononsäule und anderer gegenüber nicht im mindesten in betracht.

[2]) Cf. Blass, Miscellanea epigraphica, p. 8. („Saturn philologica H. Sauppio oblata.")

[3]) Θεδώρῳ fasst Meister, gr. dial. p. 248 ganz unmöglicher weise als aus Θευδώρῳ entstanden, ebenso G. Meyer § 121. An letzterer stelle sind weitere beispiele, auch aus andern dialekten, verzeichnet.

Natürlich ist dies so zu erklären, dass als *θεσό* zu *θεό* geworden, statt des nicht mehr durchsichtigen *θεσ*, dessen bedeutung und wesen man aber noch fühlte, ein *θε* gebildet wurde, dem *θεο* correspondirend. Ebenso ward, als nun *θεο* zu *θιο* geworden war, *θε* durch *θι* ersetzt: z. b. in *Θιπροπίοντος*, das daher nicht für einen fehler zu halten ist (mit G. Meyer § 155).

Wenden wir nun das gesagte auf die stämme *σωϳο*, *σαϳο* an, so ergiebt sich folgendes: es erscheinen (oder können erscheinen) vier stammformen in der composition, nämlich:

$\left\{ \begin{array}{l} σωϳο, σωο, σω. \\ σωϳ \end{array} \right.$ $\left\{ \begin{array}{l} σω \text{ vor vocalen} \\ (σων?) \text{ vor consonanten} \end{array} \right.$

$\left\{ \begin{array}{l} σαϳο, σαο \\ σαϳ \end{array} \right.$ $\left\{ \begin{array}{l} σω \text{ ostgriech.} \\ σᾱ \text{ westgriech.} \\ σαυ \text{ vor consonanten} \\ σα \text{ vor vocalen.} \end{array} \right.$

So sind wohl die boiotischen formen *Σαύμειλος*, *Σαυκράτεις* zu verstehen, die mit andern formen G. Meyer § 118 aufführt, wo er aber *αυ* als contraction auffasst.[1])

Doch muss man mit rücksicht auf boiot. *πραύχα* (Röhl, n. 127; Blass, ausspr. [2] p. 63) die möglichkeit einer anderweitigen erklärung zugestehen.

Röhl *ᾱ + ο* wird im inlaute zu *ᾱ*, cfr. *Ποσοιδᾶνος* n. 94 und *κοινᾱ́νας*, B. T. 21. Im auslaut ist es schon vor der contractionsperiode auf andern weg gelenkt worden, indem *ο* zu *v* ward (s. p. 17), und dann *ᾱ + v* in *αυ* contrahirt wurde, worin *α* vielleicht gekürzt worden ist (vgl. p. 26)[2]).

α + ω wird nach G. Meyer, § 132, überall zu *ω*. So auch wohl im arkadischen; in den namen *Ξενοφῶν*, Le Bas 340 a 19, *Σαωνίδαν*

---

[1]) Die erklärung des *αυ* aus *αF* giebt auch Führer, Bezzenberger Btr. VI p. 286, der jedoch keine erklärung dieses *σαυ* (u. s. w.) vom stamme *σαFο* giebt, auch das boiotische *πραύχα* nicht aufführt. (Wenn es nur bei Röhl zu finden, so konnte er es noch nicht kennen.)

[2]) Wunderlicher weise scheint Führer, a. a. O., p. 236 den übergang von *ᾱο* in *αυ* ganz zu leugnen, während dies doch nur für die feminina zuzugeben ist, die *αυ* aus dem mascul. bezogen (vgl. Wilamowitz, zt. für d. gymn. wesen bd. 31, p. 648; übrigens schon vorher von Leskien gefunden. („Die declination im slav.-germanischen", p. 40.) Woher soll denn *αυ* entstanden sein in den masculinis, wenn nicht aus *ᾱο*? Auch p. 287 begeht der ver-
- eine unmöglichkeit; der gen. sing. der *ᾱ*-stämme im attischen *ου* soll = *ᾱο* sein! ..... ikbar; daraus hätte nur *εω* werden können und weiter nichts; *ου* ist aus der o-decli- n. n entlehnt. (So auch G. Meyer § 343).

ib. 338 c C 2, geht auf $\Sigma άων$ zurück, das zweisylbig ist (s. p. 36); dadurch ist auch wohl $\Sigma αώτας$ (ib.) = *$\Sigma αFώτας$ zu erklären.

$\bar{u} + \omega$ wird zu $\bar{a}$ im westgriech, so im gen. plur. $\bar{a}\nu$: $\dot{\varepsilon}ργωνᾶν$, B. T. 47, und $Άλκμᾶν$, Le Bas 340 a. 24.

5. $o + α$, $o + \bar{α}$, $ω + α$, $ω + \bar{α}$.

$o + α$ findet sich uncontrahirt in $ἀπυδόας$, B. T. 13; [1]) $δόας$ zweisylbig. $α$ ist als kurz anzusetzen, weil aus *$δόανς$, *$δόαντς$ entstanden, vgl. accus. $τός$ aus *$τόνς$. Das ordinale der einzahl ist unbelegt; es würde echt arkad. $πρᾶτος$ lauten müssen.

6. $ε + ε$, $ε + η$, $η + ε$, $η + η$.

$ε + ε$ wird in allen diálekten des strengdorischen lautstandes zu $η$; also *$φιλέ'-ετε$ $φιλῆτε$.[1]) Im arkadischen liegt kein sicheres beispiel vor; $ἀδικήμενος$ B. T. 2, ist nach $τιθέμενος$ gebildet und hat $η$ nach indic. $ἀδίκημι$; von $κατυφρονῆναι$, $ἀπειθῆναι$ kann dasselbe gelten; doch kann hier die alte länge *$ἀπειθῆν$ aus *$ἀπειθέjεν$ der grund sein, weshalb nicht nach $τιθέναι$ ein *$ἀπειθέναι$ gebildet wurde. Nominative der i- (und auch der u-?) stämme würden wohl den schwachen stamm bevorzugen, z. b. $πόλιες$; doch ist derartiges nicht belegt. Sehr auffällig ist die form $σφεις$ B. T., 10, ein als accusativ gebrauchter nominativ plur. (vgl. attisch $πόλεις$), das jedenfalls aus $σφεϊες$ hervorgegangen ist. Sollte vielleicht unter dem einfluss der vollständigen tonlosigkeit des wortes ein samprasāraṇa von $ιε$ zu i eingetreten sein? Dann wäre $ει$ echter diphthong, contrahirt aus $ε + ι$. Durch contraction hätte nur *$σφῆς$ entstehen können. Attisches lehnwort wird $σφεις$ wohl nicht sein, da es nicht reflexive bedeutung hat [2]).

---

[1]) Die erklärung dieser form ist sehr schwierig. Sie beruht zwar sicher auf formübertragung; welches aber der gang derselben im einzelnen gewesen sei, ist schwer auszumachen.

[2]) $πλεῖστος$ ist in $πλε-ισ-τος$ zuzulegen, $πλεις$ ist schwächster stamm zu $πλέjισ$; es giebt drei comparativstämme $πλέjοσ$, $πλέjεσ$, $πλεισ$. (Auf den nasal des suffixes kommt es hier nicht an). An den dritten stamm tritt das superlativ suffix $το$; lat. tumo, temo, istumo, issumo, issimo. In $Πλήστιαρχος$ und $Πλησιίερος$, vgl. Milchhöfer, mitth. des arch. inst. IV, p. 139, ist $η$ sehr schwer zu erklären. Mahlow, „die langen voc.", p. 12, setzt als grundformen *$πληίjων$, *$πληῖστος$; woraus $πλείων$ $πλεῖστος$ geworden. Aber gerade dann ist $πλῆστος$ erst recht unverständlich. Eher könnte man annehmen, dass aus *$πληίjων$ kein $πλείων$ hervorgegangen sei, sondern dass es *$πληίων$ geblieben (oder geworden) sei; dass aber *$πληῖστος$ factisch = zu $πλεῖστος$ geworden sei und der vocal von $πλεῖστος$ in *$πλήιων$ eingedrungen; das umgekehrte sei auch bisweilen versucht, $πλεῖστος$ nach $πληίων$ umzubilden und also $πλήστος$ entstanden. Aber begründen kann ich die ansetzung *$πληίων$-$πλεῖστος$ nicht; denkbar wäre dabei auch sehr wohl, dass *$πληῖστος$ die lautlich ältere form für $πλεῖστος$ gewesen. Nur *$πληίjων$ darf man nicht lautgesetzlich in $πλείων$ übergehen lassen.

Ueber die behandlung von $ε+ε$ in Χαριχλέος s. contraction p. 37.
$η + ε$ wird $η$: Μαντινῆς Ἡραῆς Le Bas 340a 28, 33. Für $η + η$ ist kein beispiel da.

7. $ε + ο, ε + ω, η + ο, η + ω$.

ε bleibt vor ο und ω: Κλεονόμω, Milchhöfer, a. a. O. p. 124, Θεοτέ-λεος Le Bas 338 c B 1, Κλέωνος 338 a 2 (Κλέων allerdings zweisylbig). Für die behandlung von $η + ο$ könnte [Κ]ληονίκεος Le Bas 338 b B 8 massgebend sein; es fragt sich aber, ob η richtig gelesen ist; mir kommt es seltsam vor und ich möchte ε für richtiger halten. Doch kann ich darüber nicht urtheilen. Wie βασιλέος zu verstehen sei, das ich nicht als aus βασιλῆος lautlich entstanden ansehe, darüber s. p. 29.

Für $η + ω$ liegt kein beispiel vor.

8. $ο + ε, ο + η, ω + ε, ω + η$.

$ο + ε$ müsste zu ω werden; vielleicht liegt es vor in ζαμιώσθω (B. T. 28)[1]), vgl. σ]τεφανώτω eine vereinzelte arkad. form bei Le Bas 331, 45. Es kann das alte ω der verba contracta sich erhalten haben, gegenüber dem ο von διδόσθω; kann auch nach ζαμιωμι neugebildet sein für *ζαμιοσθω, wie vielleicht ἀπειθῆναι u. s. w. und sicher ἀδική-μενος (p. 45).

Ferner haben wir $ο + ε$ in *δαμιωργοί, wenn dies, wie wohl sicher, dem δαμιοργοί von Le Bas 340 a z. 9, zu grunde liegt.

Für $ο + η$ weiss ich kein beispiel, denn in . . . . νόης, Milchhöfer, a. a. O., p. 142, muss η attisch sein für ā (νόᾱς).

Für $ω + ε$ und $ω + η$ weiss ich keinen beleg.

9. $ο + ο, ο + ω, ω + ο, ω + ω$.

$ο + ο$ wird ω in allen dialekten, in denen $ε + ε$ zu η wird. Belege sind die gen. sing. der ο-stämme.

$ο + ω$ (ω secundär) in Ἀγησινόω, vgl. p. 37, $ω + ο$, vielleicht in Σωκρέτης, Le Bas 338 b C, 1; vgl. p. 44. $ω + ω$ unbelegbar.

10. $α, ᾱ; ε, η; ο, ω + ι, ῑ; υ, ῡ$ und diphthongen.

a. $ε + ι$: ει, das zu ῑ geworden ist, vgl. πλήϑῑ, B. T. 19.
b. $ε + ει$: δεῖ B. T. 9.
c. $ᾱ +$ (secundärem) ν (aus ο) im gen. sing. der ᾱ-stämme mascul. geschlechts wird αν, vgl. p. 44.

---

[1]) Dass ζαμιώσθω gelesen werden muss und nicht ζαμιόσθω, was die gewöhnliche arkad. form wäre, ergiebt sich mit bestimmtheit aus Herrn Prof. Försters abdruck der inschrift; es ist dort vom fünften buchstaben als rest noch erhalten S.

II. Consonanten.

a. Einfache consonanten.

1. Uebergang von gem. gr. tenuis zu media oder aspirata
„ „ „ „ media „ tenuis „ „
„ „ „ „ aspirata „ „ „ media

kommt im arkad. niemals vor, weder in freier stellung der laute, noch vor oder zwischen consonanten.

Ein fall kommt nur in frage, wo vielleicht ein ausnahmeverfahren in anwendung tritt. Wenn nämlich ἐσλός in der Praxitelesinschrift Röhl n. 95 wirklich arkadisch ist, wenn ferner hier ϑ ausgefallen und nicht vielmehr das ϑ der andern dialekte eingeschoben· ist wie δ in ἀνδρός, so wäre allerdings der übergang wohl dieser:

ἐσϑλός (für *ἐστλός?) *ἐσδλός *ἐσλλός ἐσλόσ (σ natürlich = z). Das σλ nicht zu λλ u. s. w. wird, beruhte dann auf dem secundären zusammentritt von σ und λ. Aus diesem grunde erscheint allerdings ἐσϑλός als das wahrscheinlich ältere; denn wäre dies ἐσλός, warum ist daraus nicht regelmässig *ἐλλός geworden?

In Πλεισπέρος, Le Bas 340 a 30 und in πλησπέρος Milchhöfer a. a. O., p. 139 ist nicht τ aus ϑ hervorgegangen, sondern τ ist das ältere; *ἱερός, älter als ἱερός (resp. ἰαρός, ἱαρός), stellt sich zu skt. işiras.[1])

2. Uebergang von explosiven in fricativae. Von tenues fricativae kennt das gem. griech. nur σ.

Uebergang einer tenuis explosiva in eine tenuis fricativa hat statt gefunden in der gem. griech. verbindung: τι im arkad., (kypr.), lesbischen und im ganzen ostgriechischen nach vorhergehendem vocal oder nasal. Eine sonderstellung, die noch nicht erklärt ist, nimmt die praeposition ἀντί ein, wie auch der stadtname Μαντινεία.[2]) Andererseits sind aber die τι dialekte auch, wie es scheint, nicht ganz verschont geblieben, wie das suffix σι aus τι zeigt. Der schauplatz dieser assibilation ist hauptsächlich die dritte pers. plur. auf ντι, die dritte

---

[1]) In ἐσδοκά (öfter in B. T.) = att. ἐσδοχή ist κ wohl sicher als das ältere anzusehen. Ionisch bekanntlich δέχομαι. Vgl. Curtius, grdz. 4, p. 497.

[2]) Ebenso auch ἔτι = skt. ati.

Deecke, Bezzenberger Btr. VI p. 78 ff. giebt eine kypr. inschrift mit formen wie πότι, vocativ von πότις = πόσις; πoτ = ποτί. Da nun die inschrift — sie ist metrisch — durchaus episch angehaucht erscheint, so wird auch die form, z. b. ποτ' = ποτί, sich aus der sprache des epos erklären müssen; dagegen scheint πότις eine absichtliche, missglückte episirung des kypr. πόσις zu sein.

sing. der verba auf μι; ferner mehrere praepositionen und sonstige partikeln, bei denen jedoch die ursprüngliche form verloren gegangen ist: πός z. b. für *ποσί (s. unten).

Während die genannten dialekte ausser dem kyprischen nur das τ = idg. t vor ι in σ wandeln, ist das kyprische noch einen schritt weiter gegangen und hat auch das secundäre τ = idg. k vor ι und — scheinbar — im anlaut in σ verwandelt, jedoch nur in σις (σίς), σι (σί) vgl. bronze v. Idalion z. 10, 23, 29 und σί βόλε· τί θέλεις Κύπριοι. Dies erklärt sich wohl daher, dass der übergang von idg. k zu τ in wirklichkeit mit vielleicht alleiniger ausnahme von πέντε nur im anlaut eintrat; im anlaut aber wird τ in keinem dialekte zu σ. Kypr. σις spricht nicht dagegen; denn es ist enklitisch als indefinitum und somit von den anlautgesetzen frei. Das interrogative σίς in σί βόλε hat sich offenbar nach dem indefiniten umgebildet. ·

Es ist dies einer der punkte, in welchem sich das kyprische von seinem schwesterdialekte am schärfsten unterscheidet.

Eine assibilation explosiver mediae fand im eleischen dialekte statt. Hier ist jedes urgriech. δ zur spirans geworden, welche man eine zeitlang in der schrift durch ζ wiederzugeben versuchte,[1]) dann aber gab man diese schreibweise auf, und das alte δ gilt wieder als zeichen für den neuen laut; denn dass dieser secundär wieder explosiv geworden wäre, dies anzunehmen haben wir gar keinen grund. Ebenso ist auch β zum spiranten geworden; in der schrift behielt man zwar stets β bei, aber dass es spirant war, sieht man daran, dass es später ein F vertrat (Caner 116, 24 βοικίαρ). Dann muss natürlich auch γ spirant geworden sein, wenn wir dafür auch kein positives anzeichen haben. Dass es explosiva geblieben, während δ und β spiranten wurden, müsste erst bewiesen werden; denn es ist die weitaus unwahrscheinlichere annahme.

Im arkadischen lässt sich derartiges nicht nachweisen. Für übergang der β in eine spirans liegt kein anzeichen vor. Dies besagt allerdings nichts; denn für spirantisches β hatte man keinen andern laut als β. Eher aber für δ, wo ζ immerhin einigermassen aushelfen konnte. Wir finden aber nirgends das ζ geschrieben für δ. Denn die glossen. ζέλλω, ζέρεθρον gehören nicht hierher. Dies ζ und das entsprechende δ in δέλλω, δέρεθρον gehen nicht auf altes δ, sondern auf idg. g. zurück oder einen daraus entstandenen laut, der, obwohl δ ähnlich, doch eine andere behandlung zuliess. Welches das verhältniss von δέλλω und ζέλλω war, ist nicht leicht zu sagen, entweder:

---

[1]) Vgl. G. Meyer, § 189.

1. ist ζέλλω für δέλλω eine mundartliche variation des arkadischen, oder

2. beide, δ und ζ,·sind eine ungenaue wiedergabe eines und desselben lautes, oder

3. der laut in ζέλλω ist aus dem in δέλλω später entstanden. Die letzte annahme ist nicht wahrscheinlich wegen kypr. ζᾶ, ἀζαϑαῖ (bilingue v. Dali n. 4 vgl. Ahrens, Philol. 35, p. 74). Dasselbe spricht auch gegen die erste annahme. Am wahrscheinlichsten bleibt die zweite. In jedem der fälle ist sicher, dass sich das δ in δέλλω mit dem gem. gr. δ nicht deckte.

Auch für γ ist nicht nachzuweisen, dass es jemals spirant geworden ist. Man könnte sich zwar berufen auf die schreibung Φιάλεια für Φιγάλεια (oder neben Φιγάλεια); hier sei γ nicht geschrieben, weil es zum spiranten, einer art von j etwa, geworden wäre. Ein solches j wurde aber ohnehin in vielen dialekten aus einem i vor vocalen erzeugt und nie geschrieben, ausser im kyprischen. Weil also ια schon ohnehin wie ija gesprochen worden sei, habe man das γ weglassen dürfen. Dies kann richtig sein, aber ebenso gut kann Φιάλεια die ältere form sein, dessen „parasitisches" j man mit γ schrieb. Aber um das zu thun, musste man γ wie j sprechen, d. h. γ musste spirant sein? Wohl, aber wer schrieb denn Φιάλεια; wer Φιγάλεια? Die Phigaleer selbst scheinen sich Φιαλεῖς (echt arkad. Φιαλῆς) geschrieben zu haben, wie die münzen und inschriften zeigen. Die schreibung mit γ rührt also wohl von Nichtarkadern her und beweist für das arkadische nichts.

Ebenso wenig beweist das salaminische ϑέαγον (vgl. Curtius, grdz. 4, p. 598). Wenn es auch sicher = ϑέᾱjον ist, so kann und wird die schreibung mit γ, demnach der spirantische lautwerth des γ, dennoch sehr jung sein; von einem arkad.-kypr. lautvorgang kann nicht die rede sein, sondern es ist eine specielle entwickelung des kyprischen, an der das arkadische keinen theil zu haben braucht.

Ausgeschlossen wäre eine spirantisirung von β, γ, δ damit noch nicht; ist sie doch in späterer zeit im ganzen gebiet des griechischen eingetreten. Aber sie würde sich eben nicht unter die positiven lautgesetze des dialektes aufnehmen lassen.

3. Uebergang eines gem. gr. lautes in einen andersorganischen Für diesen übergang ist kein beispiel bekannt. Das β von βάλλω, βάραϑρον und die δ (ζ) von δέλλω, δρεϑρον dürfen nicht herangezogen werden. Diese beruhen auf der bevorzugung schon gem. gr. vorhandener ausgleichungsproducte vor anderen, die in andern dialekten geltung erlangten („mode wurden" könnte man wohl sagen). Ausser den genannten

gehört hierher βόλομαι = lokr. δείλομαι. Ebenso π in kypr. πείσει = τείσει anderer dialekte. Wie idg. k, g zu π, β; τ, δ geworden sind, so idg. c, з. (die palatalen laute) zu κ, γ, τ, δ. Vgl. γῆ = dorisch δᾶ = arkad. γᾶ (Le Bas 340 c γαῆ) Γάδωρος ib. 340 a 22; kypr. ζᾶ und ἀζαθός.

Ueber das verhältniss von ζ und δ vgl. p. 48—49.

Erhalten hat sich gem. gr. ρ in κραριῶται, Le Bas 331 b u. c das jedenfalls von κράρος = att. κλῆρος kommt, das niemand für jünger halten wird als κράρος. Die andern dialekte haben ρ in λ verwandelt.

4. Schwund von consonanten. Schon gem. griech. sind geschwunden die laute σ immer; j (i) in bestimmten fällen. In welchen fällen j (i) geschwunden sei, ist noch nicht abgemacht. Vielleicht kann der unterschied von j, spirant und i, halbvocal in betracht kommen, aber auch wohl andere ursachen. i z. b. ist ausgefallen in πόλεις aus πόλεjες. Dass in ἀκούω υ bleibt, in ἀκήκοα nicht, dies rührt vielleicht daher, dass in ἀκούω ein j geschwunden ist. Warum aber aus *καύιω καίω wird, aus *ἀκούιω ἀκούω, ist nicht zu enträthseln.

Neben dem gem. gr. spirantenausfall existirt ein späterer, in allen dialekten eingetretener von i (j) und u (F). i und v werden, wie auch, für die ältere periode anzunehmen ist, zunächst zu consonanten, hierauf schwinden sie. Für u (v) als consonant giebt es ein zeichen, F, für ι nicht. Ein reinspirantisches F, wie deutsch w oder vielleicht wie ndld. v [1]) lässt sich für den inlaut gar nicht nachweisen; aber vielleicht im anlaute[2]). j-sonant und j-spirant sind im anlaute selbst geschieden; jenes ist zu h geworden, dieses zu ζ. (G. Meyer § 216). j soll vorliegen nach Joh. Schmidt in der femininendung ια, da aus ὀντια stets ωσα, ονσα werde, also eine andere behandlung eingetreten sei als in ονti (3. pers. plur. dorisch geblieben). Aber es entspricht dem ια im skt. ī, gen. -jās. Aus diesem grunde ist j in ια anzunehmen unwahrscheinlich; die verschiedene behandlung erklärt sich auch so, dass in οντι ι als vocal, in οντια als consonant fungirte. Es kommen noch hinzu die feminina auf τρ-ια; aus tr-ja wäre dies τρια schwerlich entstanden; vielmehr wohl ταρja-ταρρα-τᾶρα (τηρα) oder ταρja-ταιρα.

u (v) schwindet erst in den einzeldialekten, erhält sich übrigens lange in einigen. Ein mitlautendes u ist z. b. in κλέFος; ῥοά aus ῥοFά u. a. m. Vor j (i) ist es erhalten in ἀκούω, geschwunden in

---
[1]) welches ein tönendes f ist.
[2]) Vgl. p. 16.

καίω.¹) Das ist aber fest zu halten, dass F nicht ein von v seiner natur nach verschiedener laut ist, sondern nur seiner function nach. Später als der ausfall des F (υ) hat der secundäre ausfall des ι stattgehabt, den wir im att. ποιῶ, τοιοῦτος u. s. w. wahrnehmen. Ganz besonders früh und häufig ist dieser schwund im lesbischen vorgekommen (Meister, gr. dial. p. 89).

Der ausfall des F war zu der zeit, wo sich arkad. und kypr. trennten, noch nicht geschehen. Im kypr. erhielt sich F lange, doch in der schrift länger, als in der sprache. Ich kann mir wenigstens das sonderbare ΤιμοχάριƑος nur so erklären, dass es geschrieben wurde zu einer zeit, wo man βασιλῆ(ε')Ƒος schrieb, aber βασιλῆ(ε')ος sprach, wie ja derartige orthographische eigenthümlichkeiten stets da entstehen, wo die schrift hinter der sprache des augenblickes — wie meist — zurückgeblieben ist. Vgl. Blass, ausspr.²) § 4 (p. 6—12). Zu der zeit, wo man ΤιμοχάριƑος schrieb, hat man sicher nicht mehr βασιλῆ(ε')Ƒος gesprochen. Natürlich ist Τιμοχάριος zu sprechen ²).

Im arkad. ist F frühzeitig geschwunden im inlaut; wir haben kein beispiel derselben mehr.

Bezüglich des ι in diphthongen verhalten sich die Arkadier wie sonst so auch orthographisch ziemlich conservativ, z. b. Ἀθαναίαν Le Bas 338 b u. c öfter. Ἑρμαίω, ib. 338 c A 9, ἐπηρ[ε]ιάζεν (B. T. 48); da aber auch ποένtω gefunden wird (ib. 9), so muss angenommen werden, dass i nicht mehr gesprochen oder wenigstens nur sehr schwach gehört wurde. Hierher gehört auch, wenn so zu lesen, χρύσεον, Röhl n. 107;³) πλέον, πλέονα u. s. w.

Ein secundärer ausfall von σ kommt im lakonischen vor; ausserdem auch im spätern kyprischen; Deecke, Bezzenberger Btr. VI p. 78: φρονέωι⁴), διμώοις (p. 146). Weitere beispiele s. bei Bergk, commentatio p. VII. Für keinen andern dialekt ist er nachgewiesen worden, σ- lose aoriste erscheinen zwar im eleischen und argivischen, in diesen formen aber ist σ, das lautgesetzlich zwischen zwei vocalen fehlen muss, ganz naturgemäss fehlend; wo es steht, ist es erst auf dem wege der analogie wieder eingeschleppt worden.

---

¹) Es ist möglich, dass in einzelnen mundarten F unter gewissen bedingungen wieder vocal geworden ist (v). Dies scheint der thatsächliche hintergrund zu sein der grammatikerbehauptung, dass F im lesb. zu υ geworden sei (vgl. Meister, Gr. dial. p. 109.) Oder aber υ muss in ναῦος und andern worten consonantisch gesprochen sein.

²) Oder Τιμοχάριjος; dass aber j durch F ausgedrückt werde, ist undenkbar.

³) χρύσεον ist vielleicht besser fortzulassen, da hier der schwund des ι schon gem. gr. sein wird, wie wegen der contraction des attischen anzunehmen, da durch diesen secundären ausfall von i zusammengerathene vocale, wie es scheint, nicht contrahirt wurden.

⁴) Echt kypr. würde übrigens sein φρονίωι oder φροντjωι.

Schwund von anlautenden spiranten. Hier verhält sich die sache viel einfacher: σ und j (i) sind im urgriechischen beseitigt, σ und halbvocal į in h übergegangen, j in ζ. F dagegen ist erst in den einzelnen dialekten geschwunden; in manchen sehr lange geblieben, so im eleischen; meist ganz vernichtet, bisweilen zu h geworden (ἑκών). Woher dieser unterschied der behandlung stamme, ist noch nicht ausgemacht worden. Im ältesten arkadischen wie im kyprischen, ist anlautendes F noch ganz intakt, z. b. Röhl n. 96 Faσσινόχω; ferner in der Praxitelesinschrift, wenn diese arkadisch ist, Röhl n. 95. Ausserdem in jüngeren inschriften nur noch in Mantineia, Le Bas 352 p. Die tegeatische urkunde enthält nicht ein einziges F mehr. — Es erscheint aber noch einmal im ehrendecret des Phylarchos, Le Bas 340 a, wo ein Mantineate Fᾶχος heisst. Es ist nunmehr sehr bemerkenswerth,· dass die inschrift 352 p. das F völlig erhalten hat, B. T. es aber nirgends mehr besitzt. Die erstere setzt Wilamowitz in das 4. jahrhundert, und sie muss wohl dessen zweiter hälfte angehören; denn sie hat das neue alphabet bereits gänzlich durchgeführt, während Röhl n. 107, die Kirchhoff in die jahre 365—362 setzt, erst den anfang damit macht. Die tegeatische inschrift dagegen ist wohl in die erste hälfte des dritten jahrhunderts zu setzen, zumal da sie noch ein ihr eigenes zeichen besitzt I = Z,ζ. Beide liegen demnach um zwei generationen aus einander. In dieser zeit war raum genug für den schwund des F; es erscheint aber doch auffallend, dass es auch in der schrift so völlig verschwunden ist. Nun tritt aus dem jahre 224 (vgl. Foucart expl.) F uns noch einmal entgegen in Fᾶχος im namen eines Mantineaten.[1]) Es muss also doch wohl gefolgert werden, dass F in Mantineia noch lebendig gewesen ist; wenngleich auch namen ihre alte schreibweise länger behalten als andere worte (natürlich nicht ihre lautform; denn den lautgesetzen ist ein name so gut unterworfen, wie jedes andere wort). Dann aber muss ein gegensatz statuirt werden zwischen der mundart von Mantineia und der von Tegea. Während diese zwar in ältester zeit (cf. Röhl n. 96) auch noch F aufweist, jedoch es schon in der ersten hälfte des dritten jahrhunderts so lange eingebüsst hat, dass sie es nicht einmal mehr schreibt, hat jene es noch in der zweiten hälfte des dritten jahrhunderts.

Wenn dies richtig ist — ich will es nicht mit vollständiger sicherheit behaupten — wäre also ein unterschied zwischen den einzelnen mundarten des dialektes statuirt. Wir hätten jedoch nicht das recht,

---

[1]) Möglich wäre freilich, dass der name ein importirter wäre. Dann bewiese er nichts. Aus diesem grunde möchte ich keine endgültige entscheidung für oder wider treffen.

deshalb das ganze sprachgebiet von Arkadien in zwei gruppen zu sondern — deren eine anlautendes *F* erhält bis in die zeit, wo der dialekt erlischt, die andere aber es viel früher verloren hat —; denn wir haben aus den übrigen theilen Arkadiens fast gar keine quellen; wir wissen daher nicht, wie sich die andern mundarten — deren jedenfalls sehr viele gewesen sind, der natur des landes gemäss — sich verhalten haben. Es kann hier ebensogut eine mantineatische oder tegeatische besonderheit vorhanden sein.

b. Consonantengruppen.

1. Es kommt zuerst zur besprechung das verhalten der nasale vor folgenden consonanten, nämlich vor explosiva und vor σ.

Wir finden hier eine ganz eigenthümliche abweichung in der schreibung. In der urkunde von Tegea wird vielfach assimilirend geschrieben, so ἀγ[κ]ρίνωσι, ἀμμή (z. 44); aber κἂν κελεύωνσι, z. 15. Anderwärts wird dies verfahren nicht beachtet; Röhl n. 100, συμμαχον (συνμάχων), ib. n. 105 Ὀλυνπίαι, aber n. 107, 10 Ὀλυμπιοδώ[ρω]. Le Bas 340 c ἐν πολέμοι; aber ib. 352, p. 2 wieder Ἰμπεδέα[ν]. Wir finden also selbst ursprüngliches μ mit ν ausgedrückt. Dies ist so zu vereinigen: in der that wurde der laut assimilirt, und dies drückte man in der schreibung aus, aber nicht immer; so z. b. ward ἐν πολέμοι geschrieben, aber ἐμ πολέμοι gesprochen. Es konnte leicht geschehen, dass man diese bezeichnung des aus ν entstandenen μ durch ν auf das ursprüngliche μ anwandte. Vor π gab es kein ν, sondern nur μ, und ein missverständniss war unmöglich.

Im kyprischen ist der nasal vor consonanten so sehr geschwächt worden, dass er im inlaut garnicht, und ebenso wenig im auslaut des artikels und ähnlicher sich anlehnender worte bezeichnet wurde. Wahrscheinlich ist der nasal zur blossen nasalirung geworden; ebenso im pamphylischen.

Bei νσ sind zu unterscheiden die fälle wo νσ im inlaut steht; dann ist σ das secundäre σ; denn σ = idg. s ist nach ν diesem assimilirt worden (im inlaute) z. b. ἔκτεινα aus *ἔκτεννα, *ἔκτενσα; im auslaute aber wird ν dem folgenden anlautenden σ assimilirt; G. Meyer § 274 [1]). Wir haben νσ in der 3. pers. plur. act. praes. [κ]ρίνωσι, B. T. 5; κελεύωνσι, ib. z. 15.

---

[1]) Man darf für die behandlung von ν + urspr. σ im inlaut nicht die dative plur. der ν-stämme geltend machen wie ποιμέσι, δαίμοσι. Hier ist ε und ο nach analogie der andern casus eingetreten für α = n (ἀγκάς). δαίμοσι für *δαίμασι aus δαίμνσι; ποιμέσι für ποίμασι aus ποίμνσι. Aus *ποιμένσι, δαίμονσι hätte nur werden können: *ποιμέννι, *ποιμῆνι (*ποιμεῖνι) und *δαίμοννι, *δαίμωνι (*δαίμουνι).

Im arkadischen ist *ν* vor *σ* im inlaute („im inlaute" ist eigentlich überflüssig; denn secundäres *σ* steht nie im auslaute; in πός und kypr. κάς liegt eine besondere lautgestaltung vor, s. unten) stets erhalten werden.

Aus dem kypr. φρονέωντ zieht Deecke (Bezzenberger Btr. VI p. 78 ff.) den schluss, dass in älterer zeit ἴωσι, nicht ἴωσι gesprochen worden sei. Dies wird richtig sein; aber da das arkad. κελεύωνσι hat, so ist dies eine secundäre neuerung des kyprischen.

ν steht ferner vor primärem *σ* im auslaute, besonders im acc. plur. der *ο*- und *ᾱ*-stämme, im nominativ sing. von *ντ*-stämmen, im nom. sing. des cardinale für die einzahl urgriech. ἕνς.

Hier gilt das gesetz *ν* vor (ursprünglichem) *σ* im auslaute fällt weg, ohne dass dehnung eines vorhergehenden kurzen vocals eintritt. Also z. b. τὸς ἵππος u. s. w. Das attische εἰς würde reflectirt werden durch ἔς, τιθείς durch τιθές u. s. w.; der ursprüngliche accusativ zu τρεῖς (arkad. *τρῆς) würde lauten τρίς (aus *τρίνς). Der accusativ plur. der *ᾱ*-stämme ist ας, nicht ᾱς, aus ανς entstanden; ανς ist für ᾱνς eingetreten nach analogie von αις aus ᾱις neben ᾱισι (vgl. p. 31 ff.); ᾱνς aber ist nach dem masculinum ονς neugebildet worden für ᾱς, vgl. Joh. Schmidt, K. Z. XXVI p. 338.

2. Ferner ist zu erwähnen die lautgruppe *κ* + *σ* *(ξ)* im auslaute der praeposition ἐξ. Diese erscheint im arkadischen vor consonanten als ἐσ, vor vocal als ἐξ (nur einmal in ἐξέστω, B. T. 21). Das boiotische hat ἐσσ vor vocalen, ἐσ vor consonanten; das thessalische ἐσ.

Nach Darmesteter (mémoire de la société de linguistique 2, 307 bei G. Meyer § 262) soll ἐσκ die grundform sein. Die behandlungen des wortes in den einzeldialekten lassen beides zu; ἐσ τοῖ kann sowohl aus ἐξ τοῖ als aus ἐσκ τοῖ entstanden sein. Lat. ex, ec könnte vielleicht noch zu gunsten von ἐξ sprechen; es könnte aber auch wie das ἐξ anderer griechischer dialekte aus esc entstanden sein; aus ex wieder ec u. s. w. Boiot. σσ wie σ kann auf σκ wie ξ zurückgehen. Nimmt man ἐσκ als grundform, so erklärt sich, warum ἐξ und andere worte mit auslautendem ξ diese verwandlung nicht durchgemacht haben. Man könnte auch an die proklitische natur des wortes denken. Wie boiot. πέρις = πέριξ (G. Meyer § 262) aufzufassen sei, ist dunkel.

Im allgemeinen muss im arkadischen ἐξ vor vocalen, ἐσ vor consonanten gestanden haben, wie es lautgesetzlich begründet war. Aber dennoch kann bald eine vertauschung eingetreten sein, indem z. b. auch ἐξ vor consonanten gebraucht wurde. Daraus scheint denn secundär ἐκ ἐγ entstanden zu sein, in ἐγγόνοις, Le Bas 340 a; doch könnte die form lehnwort aus der vulgärsprache sein. Diese behandlung von ξ, die in andern dialekten, welche ἐξ haben, die gewöhnliche ist, vergleicht sich der von κσ im infin. perf. pass. *πεφυλάκσθαι wird zu πεφυλάχθαι.

3) Die lautgruppe δμ, welche in vielen dialekten im inlaute zu σμ (d. i. zm) geworden ist, hat sich erhalten im arkadischen; Le Bas 352 p. z. 10, Ὁπλοδμίας. Bei Foucart, „explications" zu Le Bas n. 353, z. 18 steht Ὁπλοσμίου, woraus wir sehen, dass der achaeische dialekt — denn diesem wesentlich gehört die inschrift an — hierin mit dem attischen ging. Für θμ dürfte dasselbe gelten.

4. Eine art von metathesis scheint es zu sein, welche die arkad. form δαρχμαί B. T. 23. 30 von δραχμαί anderer dialekte trennt, so zwar, dass ersteres die ältere form ist. Aber es sind hier αρ sowohl als ρα selbständige vertreter des idg. r, da bekanntlich im griechischen der svarabhaktivocal sowohl hinter als vor die liquida treten kann. Keineswegs steht dieser vocal stets da, wo der fortgefallene vocal der volltonigen sylbe steht: z. b.

$$\text{δέρκομαι} - \text{ἔδρακον}$$
$$\text{πατήρ, πατέρα} = \text{πατράσι.}$$

Neben αρ und ρα kommt auch αρα vor als entwickelung von r, wenn es nicht secundär aus ρα oder wohl eher αρ entstanden ist. Sollte dies αρα secundär sein, so ergiebt sich aus dem neben einander von αρ und ρα, dass in der ursprache die reduction von er, or ein wirkliches sylbebildendes r (r̥) war, nicht r mit leisem vocalansatz, denn sonst müsste sich der volle vocal stets da ausgebildet haben, wo der vocalansatz, der rest des geschwundenen vollen vocals stand; dies ist aber durchaus nicht der fall. Dagegen kann αρα, altbaktr. ere [1]) sowohl aus "ρ, ρ" wie aus r̥ sich entwickelt haben.

c. Sylbenverkürzung.

Ich bezeichne die angeführten fälle als sylbenverkürzung (besser: sylbenerleichterung, -entlastung), weil alle das gemeinsame bestreben zeigen, die sylbe zu erleichtern. Es gehören dazu ganz verschiedenartige vorgänge. Einige fälle sind schon an anderer stelle erwähnt worden: so die behandlung der mehrfachen diphthonge im auslaute und vor auslautenden consonanten, der schwund des ν in auslautender gruppe νσ; ἰσ für ἰσχ (oder ἐξ). Viel problematischer sind folgende fälle:

---

[1]) Für altbaktr. ere nimmt jetzt Bartholomae, Bezzenberger Btr. VII, p. 185 secundäre entstehung aus er an.

1. Infinitiv auf εν. Derselbe ist auch dorisch (Ahrens I p. 92, neben ην). Der attisch-jonische infinitiv auf ειν wird mit recht als contrahirt aus ε-εν bezeichnet; diesem würde dann in allen strengdorischen dialekten, also auch im arkadischen, ην entsprechen. Dies findet sich wie gesagt in dorischen dialekten neben εν, lesbisch λέγιην, φέρην; von Meister, gr. dial. p. 190, mit unrecht als analogiebildungen aufgefasst. Ich glaube nicht, dass εν aus ε-εν oder gar aus dem contrahirten ην entstanden sei; dafür haben wir gar kein beispiel; vielmehr wird ein specielles infinitivsuffix vorliegen. Wie dies zu erklären, ist eine andere sache; wir können die thatsache acceptiren, wenn wir sie auch nicht zu erklären vermögen. So wenig es einem einfällt, deshalb weil wir λέγειν, λέγε-εν nicht erklären können, die existenz von λέγε-εν zu bezweifeln, so wenig haben wir grund die ursprünglichkeit von λέγεν zu verwerfen. Die zahl der infinitivsuffixe ist bekanntlich sehr gross, so dass wir keineswegs verpflichtet sind, alle nur halbwegs ähnlichen formen gegen die lautgesetze an einander zu kuppeln. Nun könnte man freilich ein specialgesetz des arkadischen annehmen, wonach ε + ε unbetont im auslaut oder in auslautenden sylben[1]) stehend zu ε verkürzt würde. Allein εν findet sich nicht nur dorisch-arkadisch im infinitiv, sondern auch jonisch, auf Thasos vgl. G. Meyer § 595: ὠφείλεν. Da in diesem dialekte nun ε + ε nicht zu ε verkürzt wird, sondern vielmehr zu ει wird, so ist dort εν ohne zweifel eine gesonderte endung. Ist sie aber dort anzuerkennen, so ist sie es auch für das arkadische und demgemäss, wie auch allseitig geschehen ist, auch für das kyprische. Ist εν ursprünglich und nicht aus langen oder zwei kurzen sylben entstanden, dann ist wohl auch kein grund die betonung ἰμγαίνεν beizubehalten, sondern ἰμγαῖνεν zu schreiben.[2])

2. Man kann hier weiter gedenken der glosse ἐσπόϑ' ἔρπες· πόϑεν ἥκεις. Πάφιοι. Diese endung der zweiten pers. sing. ind. act. praes. findet sich auch im dorischen wieder, neben εις; dass ης unrichtig sei und wie die tradition davon entstanden sei, zeigt Ahrens (I, 93). Die dritte person hat, wo sie belegt ist, nur ει. — Dies ει und εις enthält diphthongisches ει, vgl. Curtius, verb. I² p. 206; von contraction kann keine rede sein. Eine positive erklärung, die vollkommen befriedigte, ist noch nicht gefunden.

Auch dieses ες halte ich nicht für verkürzung; man darf sich nicht auf τός u. s. w. berufen, denn dies geht nicht auf τώς zurück, sondern direct

---

[1]) D. h. in den letzten sylben, ultima und paenultima.
[2]) Der infin. auf εν ist jedenfalls der locativ eines n-stammes, gebildet wie vedisch vyōman u. s. w.

auf *ιόνς* [1]). Ich halte die form für eine solche, die wie lat. is in legis zu erklären ist. legis ist aber nicht = *legesi; denn aus legesi hätte *legeri werden müssen, wie aus *genesi generi. Vielmehr hat legis secundäres personalsuffix, wie legit und legunt. (Altlat. tremonti, primär gebildet). Dergleichen zusammenstellungen von verschieden gebildeten formen treffen wir auch sonst; z. b. im altbulg.

2. pers. sing. pečeši
aber 3. „ „ pečeti.

Der unterschied von ši und ti ist aber nicht der von primär- und secundärform; sondern erklärt sich anders [2]).

So ist also wohl das kyprische *ἔρπες* zu erklären; da dies aber sicher sehr alterthümlich ist, so dürfen wir es wohl auch dem arkadischen zuschreiben, doch immerhin mit vorbehalt.

Sylbenverkürzung im inlaute scheint eingetreten zu sein in *δαμιοργοί*, Le Bas 340 a. Dies wort findet sich auch in andern dialekten, z. b. Andania (Cauer n. 13) z. 119. Dagegen eleisch *δαμιωργός*, z. b. Röhl, n. 122, 2; ebenso lokrisch, ib. 322, 15 und 323. Die form *δαμιοργός* kann kaum etwas anderes sein als verkürzung aus *δαμιωργός*; mir sind keine weiteren beispiele bekannt, die dafür, doch auch keine, die dagegen sprechen. Liesse sich *δαμιωργός* aus *δαμιοϝοργός* ableiten, dann könnte man für *δαμιοργός* eine andere compositionsbildung annehmen, die mit ausgefallenem suffixvocal, vgl. p. 43 ff., *δαμι[ο]ϝοργός*. Aber wir haben kein recht neben ion. *δημιοεργός* (Homer) eine solche form anzusetzen, solange die lautgesetze einer anderweitigen erklärung von *δαμιοργός* nicht widersprechen, obgleich *δαμιοοργός* die regelrechtere form wäre: denn die nomina agentis auf o haben perfectvocalismus in der wurzelsylbe. *δαμιοϝοργός* würde ein bestimmendes compositum (karmadʿāraja) sein; ein *δάμιος* *ϝοργός*; dagegen *δαμιοϝεργός* ist ein possessivcompositum (bahuvrīhi) „einer der öffentliche arbeiten *(ἔργα)* hat, übernimmt".

---

[1]) Der accent *ἀμέλγες, συρίσδες*, wenn richtig und nicht irrthümlich von einer falschen theorie aus geschlossen, beruht wohl auf anlehnung an die erste und dritte person *ἀμέλγω, ἀμέλγει*.

Das dorische *φιλές*, Ahrens II 309, erklärt sich gleichfalls als ausgleichung an die nicht abgeleitete conjugation, nämlich:

φιλῶ: φιλεῖς (φιλέεις) = λείπω zu λείπες.

Da hinsichtlich der endungen φιλῶ und λείπω sich decken, so übertrug man diese congruenz auch auf φιλεῖς (φιλῆς?) λείπες.

[2]) Nämlich ohne zweifel durch ablaut. — ši vertritt ein idg. sei oder soi, ti ein idg. ti.

d. Apokope.

Eine apokope findet scheinbar statt in einigen partikeln; doch sind die dahin gehörigen fälle anders zu erklären.

Neben der praeposition κατύ begegnet eine form κα. B. T. z. 25 finden wir κατααντα, das nicht κατὰ αὐτὰ gelesen werden darf, da der dialekt κατύ hat. Auch spricht das fehlen des artikels gegen diese umschreibung. Ebensowenig aber könnte man auch κατ' τὰ αὐτὰ lesen, da in dieser inschrift die „geminirten" consonanten stets graphisch bezeichnet werden, vgl. ἡμισσοῖ in derselben zeile. Von einem versehen, das man sonst dem verfasser der inschrift wohl zutrauen dürfte, kann auch keine rede sein, denn z. 45 u. 52 finden wir καταπερ geschrieben. Wir würden hier καθαπερ erwarten; allein der relativstamm dieses dialektes ist το, (vgl. z. 4 ταῖ, z. 14 τὸ); so wäre also κατὺ τάπερ oder κατ'τάπερ anzunehmen; beides passt aber hier nicht. Die gleichheit der fälle schliesst ein versehen aus. Wir haben die form τάπερ, wie sie lauten muss, wenn wir eine praep. κα annehmen; ebenso oben richtig κα τὰ αὐτά. Auch Baunack (Stud. X, p. 109) sah sich bereits gezwungen diese form κα anzunehmen, was G. Meyer, a. a. O, § 509, mit unrecht verwirft.

Dieses κα geht natürlich auf κατ zurück. Jede vocalisch auslautende praeposition kann eine nebenform haben, die des auslautenden vocals entbehrt, sei es, dass diese lautlich aus der volleren form entstanden sei (analog wie die o-stämme ihren vocal in der composition theils einbüssen, theils erhalten, vgl. p. 43), oder dass einige schon im idg. nebeneinander bestehende doppelformen wie περ (eleisch πάρ) und περί und ὑπέρ gegenüber upari ὑπείρ (aus ὑπέρι vor vocalen entstanden) die schaffung dieser formen verursacht haben. Neben κατά gab es also ein κάτ[1]) Dies ward verschieden behandelt. Vor vocalen erhielt es sich, indem es mit dem folgenden worte zu einem verschmolz und so vor dem auslautsgesetze bewahrt blieb. Natürlich verlor es seinen accent. Vor einem consonanten ward es entweder auch erhalten, indem es wieder mit dem folgenden worte verwuchs, wo dann der endconsonant dem folgenden assimilirt wurde. Oder aber es behielt seine selbständige stellung und dann ward es vom auslautsgesetze getroffen: κάτ ward zu κά. Wenn diese form als accentlos anzusetzen ist (wie

---

[1]) Diese auffassung scheint mir richtiger als die gewöhnliche, wonach das anlautende α von κατά nur vor vocalen geschwunden sein soll. In letzterem falle wären formen wie καββάλλω, ποττόν u. s. w. schlechthin unerklärlich, ebenso wenig wie unser κα und das kyprische πυ. Principiell leugne ich indessen den ausfall von auslautendem vocal vor anlautendem nicht; für die hier behandelten fälle kann ich ihn jedoch nicht zugeben.

ich oben gethan habe), so ist dies wohl durch den einfluss der proklitischen form κατ, καθ zu erklären.

Aehnliches gilt auch für das verhältniss von arkad. πός zu dorisch ποτί. Aus ποτί musste arkad. *ποσί werden. Neben ποτί bestand aber πότ, erhalten in lakonisch ποττόν (C. J. Gr. n. 1511). Für sich stehend musste πότ durch das auslautsgesetz zu πό werden; erhalten in kypr. ποεχόμενον (auf der bronze von Idalion, z. 19) neben πός, sowie in der glosse: ποτί. προστί. Das arkadische πός kann nicht nachkömmling von πότ sein, weil auslautendes τ nie zu σ wird. Das σ kann auch nicht aus ποσί entlehnt sein, denn zu der zeit als πότ selbständig stehend existirte, d. h. vor eintritt des gem. griech. auslautsgesetzes gab es noch kein *ποσί. Aber auch das spätere πό kann schwerlich durch den einfluss von *ποσί zu πός geworden sein. Vielmehr haben wir in πός eine analogiebildung nach dem muster anderer praepositionen; wie neben ἐπί ein ἐπ' stand, so ist zu *ποσί πός gebildet worden, nur dass in diesem falle die ältere form *ποσί gänzlich verdrängt worden ist. Dasselbe gilt auch für das ostgriech. πρός und gleichfalls für das kypr. κάς. Neben κάς existiren die nebenformen κά in κἀ ἀτί, Idal. 25, und die, aus der κά entstanden ist, κάτ; in κατ' Ἰδαλίων, vgl. Ahrens, Philol. 36, p. 3—4, und Deecke, Bezzenberger Btr. VI p. 79. Wie es scheint führen alle diese formen auf ein ursprüngliches *κατί zurück. Das καί der anderen dialekte lässt sich jedoch damit nicht verbinden. Dasselbe aus *κασί abzuleiten verbieten die lautgesetze, da secundäres σ in den bei weiten am meisten dialekten [1]) nicht ausfällt. Aber auch eine formübertragung wäre undenkbar; denn καί könnte doch nur aus κά gebildet worden sein, indem ι aus *κατί oder *κασί, übertragen wurde. Dies anzunehmen finde ich aber keine mittelstufen oder anknüpfungspunkte. Dazu kommt, dass die übrigen dialekte von *καί, *κασί, κάτ, κάς, κά auch nicht die leiseste spur zeigen, während für ποτί und προτί alle möglichen variationen auftreten. Aus diesem grunde muss ich die annahme einer verwandtschaft von κάς mit καί durchaus bestreiten.

Ausser diesen zusammengehörenden wortformen ist noch eine andere hier zu nennen, in der gleichfalls auf den ersten blick apokope vorzuliegen scheint, die optativform διακωλύσει, B. T. z. 7; denn dass dieses optativ sei, wird durch den parallelismus zu φθέραι höchst wahrscheinlich gemacht. Es ist indess schwerlich apokope anzunehmen. Ein erklärungsversuch ist gemacht worden von Brugman („Morphol.

---

[1]) Ausgenommen sind nur das lakonische und das jüngere kyprische.

unters." III, p. 66 und am schlusse unter „berichtigungen"). Ich gebe hier Brugmans eigene worte:

„Wie man in der 3. sing. opt. praes. κωλύοι sprach, so bildete man im aorist γράψει [1]); den anstoss zu dieser neuerung konnte leicht die dritte plur. geben, wenn man neben γράψειαν ein praesens κωλύοιαν hatte (vgl. elisch ἀποιίνοιαν)."

Leider ist weder der ausgang οιαν noch ειαν für das arkadische belegt. Wenn das kyprische δώκοιϳε, δυϜάνοιϳε noch für richtig gelten dürfte, so wäre allerdings diese schwierigkeit um ein bedeutendes gehoben; denn οιε (οιϳε) im praesens liesse sich nur erklären durch ειε (ειϳε) im aorist. So gut aber wie nach ειε ein οιε eintreten kann für οι, so gut kann für ειε nach οι ein ει eintreten. Allein Deecke hat (Bezzenberger Btr. VI, p. 153) diese formen verworfen und δώκοι νυ, δυϜάνοι νυ dafür eingesetzt. Im übrigen will ich ich Brugmans sonst ziemlich plausible erklärung nicht zurückweisen; aber eine definitive entscheidung wird erst möglich sein, wenn neues material dem vorhandenen mangel abgeholfen haben wird. Uebrigens will ich nicht verschweigen, dass auch eine lautgesetzliche erklärung möglich sei, wenn man nämlich einen speciell arkad. samprasāraṇa von ιε zu ι oder ειε zu ει in untonigen sylben annehmen wollte, wie vielleicht auch σφεις aus σφεϳες zu erklären ist (vgl. p. 45). Indess lässt sich auch darüber nichts bestimmtes ausmachen.

---

[1]) Nämlich für *γράψεις, das im arkad. dialekte nicht belegt ist.

Vita.

Ich, Theodor Wilhelm Johannes Spitzer, sohn des stiftverwalters Johann Heinrich Spitzer und seiner ehefrau Henriette, geb. Ehlers, bin geboren zu Hamburg, den 9. september 1858. Nachdem ich zuerst eine privatschule besucht hatte, wurde ich zu ostern 1872 in die quarta der gelehrtenschule des Johanneums aufgenommen. Zu ostern 1879 bezog ich nach bestandenem maturitätsexamen die universität Kiel, ging von da ostern 1881 nach Berlin, wo ich mich ein semester aufhielt, worauf ich nach Kiel zurückkehrte.

Gegenstand meiner studien waren sanskrit, vergleichende sprachwissenschaft, deutsche philologie, zu anfang auch classische philologie. Vorlesungen hörte ich bei den Herren Professoren: Blass, Erdmann, Fischer, Forchhammer, Haupt, Hoffmann, Kirchhoff, Leo, Lübbert, Möbius, Oldenberg, Pfeiffer, Pischel, Scherer, Schmidt, Weber und bei den Herren Doctoren: Möller und Pietsch. Ihnen allen spreche ich an dieser stelle herzlichen dank aus, ganz besonders aber Herrn Professor Pischel und den Herren Doctoren Möller und Pietsch.

Thesen.

1. Die »M*r*k·k·ākatikā« ist nicht das älteste der uns erhaltenen indischen dramen.
2. Statt des überlieferten aratāu ist *r*gvēda V, 2, 1 zu lesen: aratnāu.
3. Der scheinbare parallelismus von dor.-ael. βῶς, βῶν und jon.-att. βοῦς, βοῦν ist nicht lautgesetzlich entstanden, sondern beruht auf einer secundären ausgleichung innerhalb einer älteren gem. griech. flexion βοῦς, βῶν.
4. In Aeschylos' »Eumeniden« sind v. 104 u. 105 zu streichen.
5. Im part. perf. der starken verba des altfriesischen ist en, in (vgl. formen wie egenzen, fenszen, bewêpin) nicht aus an entstanden, sondern es repräsentirt eine besondere gestaltung des suffixes.